HISTOIRES, CONTES & LÉGENDES SUISSES

PAR NICOLAS MAROT

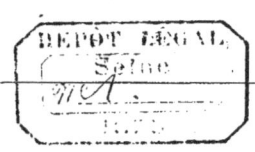

La Tour de Monthéys

Vers le mois de novembre de l'an 1350, un jeune troubadour passait, pour faire connaître son talent, dans les castels des seigneurs Valaisans.

Vers cette époque, la route que traverse le bois de Finge n'existait pas; un sentier peu pratiqué conduisait à l'Oûesches. Ce passage était même très-redouté la nuit par les voyageurs, mais, comme il abrégeait beaucoup sur celui de Varône, on préférait le suivre pendant le jour.

Le Rhône venait baigner les murs du castel de Monthéys, castel au donjon carré.

Un jour, il prit fantaisie à un seigneur de Granges de faire construire un nouveau pont en bois pour y établir un droit de péage, ce qui lui pourrait donner un petit revenu.

Tout devait payer, hommes et bestiaux, à l'exception des conducteurs d'ours, de singes, et des musiciens ambulants.

Un cadet du baron de Granges afferma le castel, et il y résidait avec sa femme et sa jeune fille, Elmenfride, qui venait d'atteindre ses seize printemps.

Dans le mois et l'année que nous avons cités plus haut, il se présentait au castel un jeune troubadour désireux d'y faire entendre sa belle voix en s'accompagnant sur son luth.

Les troubadours, à cette époque, étaient rares en Valais. Aussi fut-il accueilli avec le plus vif plaisir.

Lorenzo était son nom ; il venait d'atteindre ses dix-huit ans. Il avait une taille bien prise, la figure rosée et imberbe, à l'exception d'un petit duvet noir qui commençait à paraître sur la lèvre supérieure.

A son accent, on jugeait qu'il était de la partie méridionale de la France. Il avait, à cet âge, déjà beaucoup voyagé, il avait vu en observateur, son esprit perçait dans ses moindres discours, et surtout lorsqu'il s'animait en dépeignant les lieux qu'il avait visités, les seigneurs qui l'avaient reçu dans leurs châteaux. Ses longs cheveux noirs et bouclés se balançaient avec grâce sur ses épaules. C'était l'idéal d'un bel homme. Aussi la timide Elmenfride le regardait-elle à la dérobée. Ce qui se passa dans son cœur encore vierge, nous l'apprendrons bientôt.

Elle était une damoiselle soumise et respectueuse envers ses parents qui l'adoraient, n'ayant qu'elle seule d'enfant pour héritière.

Le baron ne voulut entendre le virtuose qu'après souper ; au moins il pourrait jouir de son talent pendant la soirée.

A sept heures, la serve vint annoncer que la table était mise.

Le baron fit signe à Lorenzo de le suivre. C'est ainsi qu'ils arrivèrent tous les quatre à la salle à manger ; le baron prit le haut bout de la table, la baronne, le bas, Elmenfride et Lorenzo se trouvèrent ainsi en face.

Le souper, sans être somptueux, était abondant, et chacun en savoura les mets avec appétit.

Le froid se faisait sentir dans la salle, le baron commanda que l'on fît bon feu dans la cheminée, car il voulait y passer la soirée, cette salle ayant plus d'écho que les autres.

Après les grâces dites, chacun prit place auprès du foyer, puis le baron prévint Lorenzo qu'il pouvait se faire entendre, et qu'ils allaient être tout oreilles.

A cet ordre, Lorenzo alla prendre son luth et vint se placer au centre, puis, prenant une pose de circonstance, il commença le premier chant.

Le premier chant fut un lai d'amour, qui fut suivi de romances nouvelles. Lorenzo s'était surpassé, les yeux d'Ermenfride, toujours fixés sur lui, l'avaient transporté.

Il n'eut pas plutôt achevé sa romance, que le baron et sa dame applaudissaient des mains et de la voix, en disant : Bravo ! bravo !

Elmenfride applaudissait d'une autre manière : des larmes de joie scintillaient à ses paupières. Puis Lorenzo conta des ballades, pour se reposer un instant. Après qu'il eut fini, il reprit son luth et improvisa deux couplets en l'honneur du baron.

Le baron lui en sut gré, son orgueil en était satisfait; puis il fit apporter du vin, s'en versa une coupe qu'il but; puis, l'ayant fait remplir à nouveau, il la présenta à Lorenzo qui la vida à son tour.

Dix heures étaient marquées au sablier ; c'était l'heure habituelle du repos. La baronne appela une serve qui vint prendre Lorenzo pour le conduire dans la chambre qui lui était destinée.

Toute la nuit une pluie diluvienne vint à tomber, qui ne cessa que le troisième jour.

Le lendemain matin, Lorenzo attendait le lever du baron pour le remercier de son hospitalité et pour aller se faire entendre dans d'autres castels.

Le baron apparut, Lorenzo le remercia vivement, puis se mit en devoir de partir.

— Non pas, mon beau troubadour ; je ne permettrai nullement que vous quittiez ce castel par pareil temps ; d'ailleurs, reprit le baron, où voudriez-vous aller? Les chemins sont submergés, et, de plus, vous faire tremper d'eau ! Non, vous resterez céans, et le cadet de Granges peut encore vous donner l'hospitalité sans que cela le gêne en rien. Si vous allez voir le seigneur de Loûesches, reprit-il, ou le haut et puissant seigneur de Rarogne, ou même le seigneur de Platéa, ils ne sont pas dans leurs castels; ainsi vous feriez un voyage qui ne serait pas à votre profit pour votre escarcelle. Je vous engage donc à rester ici jusqu'à temps meilleur.

A cette prière si bien formulée, Lorenzo ne demanda pas mieux que de rester; il pensait avec raison que, dans la journée, une circonstance pourrait le favoriser pour lui faire trouver l'occasion de pouvoir parler à Elmenfride.

Après le déjeuner, le baron sortit pour aller veiller à un arrangement qui se faisait dans ses caves. La baronne, de son côté, allait surveiller les soins que la serve devait apporter dans les appartements, comme aussi dans les apprêts du dîner.

Elmenfride se trouvait seule, finissant une broderie, lorsque la baronne dit à Lorenzo :

— Je vous laisse tenir compagnie à ma fille pour un instant; contez-lui une ballade, elle lui servira pour son instruction, car la pauvre enfant n'a jamais entendu que celle d'hier soir.

Lorenzo l'assura qu'il s'empresserait d'exécuter ses ordres avec le plus grand plaisir.

Aussitôt la baronne sortie du salon, Lorenzo voulut mettre à profit le peu de temps et l'occasion heureuse qu'il avait de se trouver en tête-à-tête avec Elmenfride.

Il lui prit la main qu'il porta à ses lèvres, puis, la regardant amoureusement dans les yeux, il vit avec bonheur qu'elle répondait à son attente.

Le cœur de la jeune fille était captivé, elle l'avait donné sans arrière-pensée, la naïveté, l'innocence ne la défendait pas; elle ne pensait pas à la distance qu'il y avait entre eux; elle ne prévoyait aucun obstacle, elle ne préjugeait rien des suites qui pourraient en surgir. Lorenzo, encouragé, enhardi, osa prendre un baiser sur ses lèvres roses.

Après cet acte violateur, transporté, égaré, il tint ce discours à Elmenfride, en mettant sa main dans la sienne :

— Elmenfride, je t'aime; tu es la première qui ait reçu mon premier amour; je te jure de te rester fidèle. Jure-moi aussi, si tu m'aimes, que tu attendras encore deux années avant de disposer de ton cœur et de ta main en faveur d'un autre. Veux-tu me le promettre ?

— Ah! Lorenzo, puis-je me fier à un inconnu qui peut promettre à toutes les jeunes filles ce qu'il vient de me dire?

— Non, Elmenfride, si je te suis inconnu, je me ferai connaître. Ma famille est aussi élevée que la tienne. La fatalité, le mystère qui pèse sur moi peut finir bientôt, et, crois-le bien, mon cœur me ramènera ici, car il t'appartient en entier.

— Est-ce vrai, Lorenzo? Vous ne voudriez pas me tromper? Cela serait d'un félon; Dieu vous punirait de dire un mensonge pour faire du chagrin à une jeune fille.

— Oui, Elmenfride, Dieu me punirait si je devenais parjure en cessant de t'aimer. Tiens, dit-il en retirant un anneau de son doigt, cet anneau vient de ma mère, je te le donne pour gage de ma foi. Dans deux ans, à pareille époque, je viendrai le chercher avec ta main : tes parents puissent-ils ne pas me la refuser!... Elmenfride, reprit-il, donne-moi donc une simple mèche de tes beaux cheveux pour souvenir, pour me porter bonheur. Ils seront mon égide, et je puis t'assurer qu'ils ne cesseront pas d'être sur mon cœur.

Elmenfride, rassurée par tant de démonstrations, fut prévenue en faveur de Lorenzo. Les gages de foi furent échangés, puis un baiser fut pris de nouveau qui scella toutes les autres promesses.

La baronne rentrait en ce moment.

— Eh bien, Elmenfride, tu ne t'es pas ennuyée avec Lorenzo; il t'a conté de jolies ballades?

— Oui, ma chère mère, répondit-elle, il m'en a conté une que j'ai entendue avec le plus grand plaisir.

— Merci, belle damoiselle, de votre indulgence; c'est moi qui ai eu tout le plaisir, car vous avez daigné m'entendre favorablement.

— Oh! reprit la baronne, les jeunes filles aiment tant à entendre les ballades et les lais d'amour! A son âge, j'étais transportée de les entendre aussi; c'est une chose qui se permet. Il faut bien aussi former les filles; un peu d'instruction trouve sa place dans la société. Malgré sa beauté et sa richesse, une sotte est toujours une sotte. N'est-ce pas, Lorenzo, que vous êtes de mon avis?

— Oui, madame la baronne, vous prévoyez les choses de loin et l'on ne peut trop éduquer les jeunes demoiselles, surtout quand elles sont du rang de votre chère fille.

Le baron qui rentrait mit fin à la conversation. L'*Angelus* sonnait à l'église de Sierre quand l'on vint prévenir que le souper était prêt à être servi; il se passa comme le souper de la veille et dans le même arrangement des places. Puis, le repas achevé, Lorenzo prit son luth et en tira des sons harmonieux. Sa voix était retentissante. Il était exalté par les beaux yeux d'Elmenfride qui se fixaient dans les siens.

Quand il eut fini sa romance, le baron lui demanda de quel pays il était?

— Je croyais, seigneur baron, que mon accent aurait parlé pour moi; il est vrai que le Languedoc, la Gascogne, la Provence ont beaucoup d'affinités de langage, il faut connaître ces dialectes pour les distinguer entre eux. Je suis de Nîmes, seigneur, si cela peut vous satisfaire.

— Je ne connais pas cette ville, répondit le baron, mais peu importe, je suis satisfait de connaître le lieu de votre naissance, mais plus particulièrement votre talent qui m'a procuré une vive satisfaction, et pour vous le prouver, recevez ces quelques écus maurissois.

— Seigneur baron, je suis mille fois payé par la gracieuse hospitalité que vous m'avez donnée. Je vous remercie avec toute la gratitude possible, mais je refuse votre don.

— Mais pour voyager, reprit le baron, il vous faut pourtant quelques écus dans votre escarcelle?

— Pardonnez-moi, seigneur baron, je puis me faire payer par les grands seigneurs quelquefois, mais je dois vous faire observer que je ne manque de rien, et c'est plutôt l'attrait des voyages qui me fait parcourir les pays pour m'instruire des coutumes, mœurs et usages que pour y gagner des pistoles. J'ai pour parer aux inconvénients des ressources dans ma famille.

Ces dernières paroles furent dites avec expression en fixant Elmenfride. Lorenzo devait quitter le castel le lendemain matin, il improvisa une ballade par laquelle il donnait à entendre que le chevalier reviendrait au castel pour revoir son adorée et lui rappeler la foi jurée, qu'en attendant cet heureux jour, il baiserait chaque jour les cheveux de sa belle maîtresse. Ces paroles adressées directement à Elmenfride, elle les comprit en y répondant par un sourire.

Le baron et la baronne le louèrent beaucoup sur sa belle improvisation, ils ne se doutaient de rien.

Le sablier marquait dix heures, c'était l'heure de se retirer. Lorenzo remercia encore le baron de son hospitalité, dit qu'il partirait le lendemain à sept heures précises, qu'il voulût bien le pardonner s'il partait avant son lever, qu'il en reçût ses excuses.

— Eh bien, Lorenzo, répondit le baron, du moment que vous avez des affaires pressantes, bonne nuit et bon voyage.

Lorenzo salua et se retira dans sa chambre. Le matin, à sept heures précises, il sortait du castel, il attendit un instant au pied de la tour s'il ne verrait point Elmenfride avant de partir. Il ne fut point trompé dans son attente : une fenêtre vint à s'ouvrir, Elmenfride y parut, elle agita un mouchoir blanc en signe d'adieu. Lorenzo y répondit par plusieurs baisers envoyés sur les ailes des zéphyrs. La fenêtre se ferma et Lorenzo partit.

De retour à Nîmes, il se rendit au couvent de Saint-Thomas pour y voir le prieur, son protecteur qui l'avait élevé, instruit jusqu'à l'âge de seize ans.

Quand il s'y présenta, le prieur n'en pouvait revenir de sa surprise en voyant un bel homme, qu'il avait vu naguère si petit il y avait trois ans.

— Comment ! c'est toi, Lorenzo ? mais pourquoi avoir quitté le monastère furtivement ? O mon Dieu ! quelle inquiétude tu m'as donnée, l'on t'a cru mort. Trois années sans donner de tes nouvelles ! C'est un oubli du plus ingrat des hommes, après avoir soigné ton enfance et ton éducation. J'aurais cru que tu aurais embrassé l'état religieux par pure reconnaissance pour moi et cela pour ne plus me quitter. Mon doux Jésus ! reprit le prieur en se signant dévotement, tu te seras perverti, tu auras perdu les bons principes de religion que je t'avais inculqués dans ta jeunesse. — Mais, comment, continua-t-il, as-tu passé ton temps, comment as-tu pu vivre en dehors de cette sainte Maison ?

— Mon révérend Père, répondit Lorenzo, je ne me sentais nullement de vocation pour être cloîtré ; j'étais né pour jouir de la liberté que doit avoir tout homme, et, malgré ma fuite du couvent, je n'ai jamais oublié ce que je devais à Dieu ni à vous. Ces bonnes pensées ne m'ont jamais quitté. Quant à vivre, j'ai acquis un peu de talent pour gagner ma vie; la nature m'ayant doué d'une assez belle voix jointe à ce que Dieu me donna d'intelligence, je suivis ma pensée en apprenant la musique. Je suis devenu troubadour provençal, avec mon talent, j'ai parcouru une partie de la France, et vous pouvez voir par cet argent que je rapporte qu'il peut témoigner de ma conduite.

— Oui, mon fils, reprit le prieur, je vois bien cet argent, s'il est dû à ton talent, à ton économie, qu'il soit gagné glorieusement, je t'en félicite, mais tu auras pu soigner ton épargne et négliger ton salut ?

— Bon Père, soyez assuré que mon argent n'est dû qu'à l'honneur et que mon salut ne s'y trouve en rien intéressé.

— Bien, bien, mon fils, je te crois; les leçons de vertu que je t'ai données n'ont point été perdues. Ah! reprit-il, si ta pauvre mère te voyait! Mais, bah! n'en parlons pas, ceci m'afflige toujours, et je n'ai pas besoin de te faire du chagrin au premier instant que je te revois. Pardonne à la vieillesse, elle veut toujours vivre de souvenirs, seraient-ils amers comme l'aloès. Tu vas rentrer au couvent, je l'espère, à présent que tu as vu le monde et son côté faible et menteur, tu prendras place parmi nous.

— Ne l'espérez jamais, repartit Lorenzo, j'ai déjà prononcé des vœux ailleurs que dans ce couvent, j'ai donné ma foi. J'ai embrassé cette religion avec amour.

— Explique-toi, mon fils, je ne comprends pas.

— Cela veut dire, mon révérend Père, que je me sens de l'inclination pour le mariage, et que j'entrerai dans cet ordre de préférence au vôtre.

— Comment! te marier, allons Lorenzo y penses-tu? tu n'as pas de nom, de fortune à offrir. Cependant, tu ne dois point te mésallier. Il m'est expressément défendu de te faire connaître ta naissance, avant que tu n'aies atteint l'âge de vingt ans révolus. Seulement, apprends que ta mère est d'une extraction noble, ainsi que ton père : je t'en instruirai au jour dit. C'est tout ce qu'il m'est permis de te dire pour le moment ; ainsi, de la sagesse, de la prudence ; ne fais rien avant le terme assigné.

— Mon révérend Père, répondit Lorenzo, croyez-vous que je descendrais jusqu'à la dégradation? Non, les soins qu'il vous a plu de me donner ont germé dans mon cœur, et, sans vanité, je puis prétendre à une alliance digne de vous et de moi. Celle qui a reçu ma foi, en échange de son cœur, est aussi d'une haute lignée, et, de plus, belle et sage. Heureux si je puis obtenir l'aveu de sa noble famille !

— Je suis charmé, mon fils, de te voir en de pareils sentiments. Je reconnais en toi le sang d'où tu sors ; tu agis selon les convenances de ta caste. Oui, mon fils, noblesse oblige, tout doit se passer en ordre, le cœur comme les actions.

Lorenzo, après avoir passé huit jours au couvent, voulut le quitter pour parcourir les provinces de France qu'il n'avait pas encore visitées.

Pont Saint-Maurice

Il parcourut la Touraine, la Bretagne, recueillant partout des applaudissements et des écus. A Laignel, sa réputation de musicien et d'improvisateur grandissait au point que les riches seigneurs lui faisaient dire de venir dans leurs castels par préférence sur d'autres.

Les vingt ans étaient arrivés, année tant désirée, pour apprendre de qui il tenait le jour, et aussi pour voler au castel de Monthéys, pour voir son adorée Elmenfride. Il arrivait donc un soir, la veille qu'il devait apprendre par le moine, son père adoptif, le secret qui le concernait sur sa naissance.

Le lendemain, tous deux, dans une cellule, étaient autour d'une table, sur laquelle se trouvaient des lettres et des parchemins.

— Écoute bien, mon fils,ce que j'ai à te dire aujourd'hui,je te prie,dit le prieur. Ta mère, issue du seigneur de Béfaut, élevée sous ses yeux ainsi que sa mère, bonne mère s'il en fut, possédait les meilleurs sentiments; pleine de respect et de la soumission qu'elle leur devait, elle parvint jusqu'à l'âge de dix-neuf ans. Comme elle était d'une grande beauté, quoique peu avantagée sous le rapport de la fortune, plusieurs seigneurs des environs convoitèrent l'honneur de s'allier avec elle. Douée d'un caractère angélique, aimant ses parents d'un amour vraiment filial, il lui répugnait de les quitter, attendu qu'elle aurait à suivre son mari. Elle n'avait pas même fait un choix, son cœur était libre encore, lorsqu'il vint au castel le comte La Roche ; il y avait quelques relations pour affaires d'intérêt. C'était une terre que son père tenait en fief de ce seigneur. Quand il vit Laure, ta mère, il en devint éperdument amoureux. Laure, de son côté ne se montra point indifférente; le comte revint sous différents prétextes pour visiter Laure. Deux mois n'étaient point écoués que leurs cœurs étaient à l'unisson, c'est-à-dire qu'ils s'aimaient mutuellement.

« Le comte voulant couronner ses feux par le mariage, il en parla au comte son père ; mais ce dernier, malgré les prières et les larmes de son fils, ne voulut jamais y consentir. Enflammé par les obstacles, il proposa à ta mère un mariage secret, elle eut la faiblesse d'y consentir. Un prêtre bénit son mariage, mais le comte ne pouvait l'avouer dans l'appréhension d'être déshérité, son père lui ayant notifié que cela serait s'il contrevenait à sa volonté. Un fils fut le fruit de ce mariage. Ce fils, c'est toi, mon cher Lorenzo. La pauvre Laure pleurait amèrement sa faute, ses bons parents la consolaient du mieux possible, mais le chagrin eut le dessus sur son fils, la religion et la raison.

« Tu venais d'atteindre douze ans lorsque tu nous fus amené par le comte ton père, qui me remit ces parchemins, m'assurant qu'un jour tu serais reconnu comme enfant légitime. Il me fut expressément défendu de te parler de la famille dont tu sortais, avant que tu n'eusses atteint l'âge de vingt ans qui est l'âge de raison, dans la crainte des indiscrétions, et aussi pour t'éviter des chagrins. Tu venais d'atteindre seize ans lorsque, la veille de ta fuite, je reçus de ton père un acte qui te reconnaissait pour son fils légitime, issu de son mariage avec Laure de Béfaut et comme tel apte à sa succession et au nom de comte de La Roche. En voici l'acte en due forme et scellé de son sceau en cire verte, aux armes du comte. Il m'avait remis ces pièces, disait-il, pour les faire valoir en temps et lieu. Il partait pour la guerre d'Italie, il voulait t'assurer son nom avant de partir, car les hasards de la guerre, disait-il, pouvaient lui être funestes, c'est pourquoi il prenait toutes ces précautions à ton égard. Lis, et tu verras qu'il prie son père en cas de mort de te reconnaître comme étant son fils et de te considérer comme tel, en le priant, en outre, de te faire succéder dans les nom et charges qui doivent lui incomber.

« Le vicomte, ton père, ne revint pas ; il fut tué près de Naples. Je dois te dire qu'il me laissa en dépôt une somme assez importante dans le cas où son père, ton aïeul, ne voudrait pas accéder à ses vœux : elle est à ta disposition.

« J'osai, il y a quelque temps, lui demander une audience pour lui faire part des dispositions dernières de son fils à ton égard ; après maints débats, je pus obtenir une petite terre avec le droit pour toi de porter le nom de seigneur de La Roche après sa mort.

« Le bien du côté maternel a été vendu par le seigneur de Béfaut, mais, pour t'éviter des contestations et des procès par leurs héritiers directs, la valeur est déposée entre mes mains ; elle est aussi à ta disposition. J'ai fait po , toi tout ce que pouvait faire un homme, humainement parlant. »

— Mon bon père, s'écria Lorenzo en se jetant à son cou, que ne vous dois-je pas pour tous vos soins et les peines que je vous ai causées ! Comment reconnaître vos bons offices ? Je ne puis que vous vouer une reconnaissance éternelle ! Mais, qui pouvait donc vous donner tant de dévouement pour élever à la vertu, à la fortune, un pauvre bâtard, comme l'on m'appelait dans mes disputes d'enfance ?

— Lorenzo, reprit le prieur, la religion, la vertu, la charité, m'en faisaient un devoir sacré ; mais la parenté m'y obligeait aussi.

— Comment, reprit Lorenzo à son tour, vous seriez mon parent Vous voulez donc me donner tous les bonheurs en ce jour !

— Lorenzo, ta grand'mère était ma sœur. Juge si je devais t'aimer e^t veiller sur toi pour te diriger dans les bonnes voies. J'espérais te faire consacrer ton existence au service de Dieu : la Providence en ayant ordonné autrement, je m'incline devant ses décrets. Puisses-tu trouver le bonheur par un autre chemin !

Huit jours après avoir pris connaissance de ce qui le concernait, il prit congé de son oncle, le prieur, pour accourir en Valais, où tout, désormais, concourait à lui assurer le vrai bonheur.

C'est dans ce doux espoir qu'il se présentait au castel de Monthéys.

Il était sans instrument musical; une épée seulement lui ceignait la taille pour témoigner de sa condition de gentilhomme.

Le baron était absent du castel et ne devait y rentrer que dans une heure. Il ne trouva que la baronne et Elmenfride. A sa vue, cette dernière ne put se contraindre; malgré la présence de sa mère, elle lui manifesta le plaisir qu'elle éprouvait à le revoir en lui touchant la main. Lorenzo était ravi, étonné, du changement qui s'était opéré en faveur de la beauté d'Elmenfride. Elle avait grandi, sa taille s'était développée, mais elle était encore svelte; le galbe charmant, le teint rosé, une poitrine développée, une robe en laine blanche avec fleurs diverses, un plastron formant un cœur sur la poitrine et orné de paillettes or et argent, un petit chapeau national avec dentelle, lui seyaient à ravir. L'entretien était commencé sur le but de sa visite, lorsque le baron rentrait; il aperçut Lorenzo, puis, s'approchant de lui froidement, lui dit : — Vous n'avez pas votre luth, mon trouvère?

S'apercevant alors qu'il avait une épée :

— Veuillez dire, mon cher trouvère, à quel titre vous vous présentez chez moi

Cette réception peu cordiale atterra Lorenzo un moment, puis, reprenant soudainement l'aplomb comme le devait avoir un homme portant épée, il reprit :

— Seigneur baron, il est vrai que je me présentai en votre castel, il y a deux ans, comme troubadour et ayant pour épée un luth, il n'en est plus de même aujourd'hui; je puis porter l'épée étant votre égal: je suis gentilhomme et vicomte de La Roche. C'est donc par ce droit que je me fais l'insigne honneur de me présenter devant vous; Elmenfride en est le but. Je viens donc à deux genoux vous demander sa main, pour que vous unissiez son sort au mien par le mariage. J'attends de votre bonté paternelle votre adhésion pour faire un homme qui s'estimera le plus heureux d'appartenir à votre noble famille. Croyez, seigneur, que mon respect, mon amitié pour vous égaleront l'amour que j'ai pour votre demoiselle.

— Ah! reprit le baron, c'est fort bien, mais vous ne savez pas si ma fille consentirait à pareille union; je ne la crois pas encore arrivée au point de s'allier au premier venu.

Puis se tournant du côté de sa fille, il lui dit :

— Qu'en dis-tu, Elmenfride, ai-je bien répondu pour toi?

— Mon père, je vous en supplie, soyez indulgent pour tous deux. Si Lorenzo est de condition noble, comme il l'affirme et ce dont je ne doute point...

— Qu'est-ce à dire! reprit le baron fort en colère. Seriez-vous entichée de ce ménestrel? Ne m'aviez-vous pas compris pour la réponse que vous deviez lui faire? Mais il me paraît que vous vous seriez permis de l'aimer sans ma permission. Répondez à l'instant.

— Oui, mon vénéré père et seigneur, j'ai enfreint le devoir et le respect que je vous devais. Veuillez, je vous implore, ne point séparer deux cœurs faits l'un pour l'autre et faire le malheur de leur vie. Mon père, je suis à vos genoux, j'attends votre arrêt pour me donner la vie ou la mort.

Lorenzo se jeta en même temps qu'Elmenfride aux genoux du baron.

— Bien! dit ce dernier. J'étais loin de m'attendre à pareil honneur, un trouvère à mes pieds avec ma fille me sollicitant pour que je condescende à leur union! Elmenfride, dit-il, emporté par la colère, sortez d'ici et allez dans votre appartement; nous réglerons cette affaire ensemble. Quant à toi, mon pauvre troubadour, je te trouve dans la position qu'exige ton métier, c'est-à-dire la bassesse. Je pourrais, pour punir ta témérité, te faire jeter, par cette fenêtre, dans le Rhône; mais je veux bien me contenter de te chasser d'ici comme l'on doit chasser un homme de ton espèce, un vrai baladin, enfin.

Lorenzo se releva indigné d'une réception si blessante. Il toisa un instant le baron, mit sa main crispée sur la garde de son épée, puis, prenant une pause convenable, il lui fit cette réponse malgré l'ordre du baron qui lui montrait la porte :

— Dans certains cas, dit Lorenzo, je ne craindrais ni vos menaces ni ses effets, ce n'est que votre mépris pour ma personne qui m'offense. Baron de Granges, je suis venu offrir un nom à Elmenfride aussi digne que le vôtre; ma famille peut revendiquer ses droits d'ancienneté sur la vôtre, j'ai de la fortune dix fois comme la vôtre, et je viens vous demander la main d'Elmenfride.

Le baron exaspéré dit à Lorenzo :

— Sortez à l'instant, ou je vais sonner du cor pour appeler mes vassaux.

La nuit était venue. Lorenzo ne voulait pas pousser le baron à bout, qui pouvait faire exécuter ses menaces; il prit le parti de se retirer. Le baron le suivit sur l'esplanade. Lorenzo, apercevant Elmenfride à la fenêtre, voulut lui faire entendre sa voix en criant adieu.

— Elmenfride, lui dit-il, ton père me chasse sans vouloir aucune justification. J'en mourrai, mais sois heureuse sans Lorenzo.

Une voix répondit adieu, et aussitôt il vit Elmenfride s'élancer dans le Rhône.

— Baron, dit Lorenzo, votre fille vient de me dire adieu pour jamais en se jetant dans le Rhône. Adieu aussi; je ne dois point lui survivre. Puis il s'élança dans les flots.

Quelques instants après il avait rejoint Elmenfride, qui tantôt surnageait, puis disparaissait; il put la saisir par les cheveux pour lui soutenir la tête hors de l'eau. Le fleuve avait grossi par les pluies d'automne; il charriait des troncs d'arbre d'une grosseur prodigieuse, lorsque l'un d'eux vint les heurter. Il vit à l'instant un moyen de salut, il s'empara d'une racine; la tenant fortement, il attira à lui son doux fardeau. Dans le même moment, l'arbre échouait sur le sable

Aussitôt que Lorenzo sentit la terre, il prit Elmenfride dans ses bras robustes pour la transporter en lieu sûr. La berge était accessible. Elmenfride avait perdu le sentiment; la peur, l'eau et le froid, avaient agi sur elle.

Lorenzo était aussi presque épuisé par le courage qu'il avait mis, joint au bonheur d'avoir sauvé celle qu'il adorait. Il lui prodiguait les noms les plus doux, lorsqu'il s'avisa de lui frictionner le visage avec ses mains; ceci fut d'un meilleur effet. Elle reprit ses sens progressivement; lorsqu'elle fut revenue à elle-même, la première parole qu'elle prononça fut le nom de Lorenzo.

— Me voici, ma bien-aimée! Nous sommes sauvés. Dieu nous a pris en miséricorde; il a opéré un miracle en nous unissant.

— Mais, pour Dieu! cher Lorenzo, où sommes-nous? Comment sortir de ce lieu? La nuit est froide, je me sens mourir.

— Non, non, Elmenfride. Je vois une lumière par la fenêtre d'une cabane tout près d'ici; j'y vole pour chercher du secours. Du courage! Dans un quart d'heure, je suis près de toi!

Elmenfride promit d'être forte en l'absence de celui qu'elle aimait. En effet, il revenait avec un robuste gaillard qui apportait une civière et une mauvaise couverture. Lorenzo, de son côté, apportait une bouteille de vin. Il força Elmenfride d'en boire un peu, ce qui la ranima très-bien.

Aussitôt arrivés à la cabane, un bon feu attendait déjà pour sécher les habillements. Elmenfride fut déshabillée par une des sœurs du propriétaire de la cabane et fut mise dans son propre lit. Tous les soins possibles lui furent prodigués par ces bonnes gens. Une douce chaleur se rétablit chez elle, elle finit même par s'endormir paisiblement.

Au lever du soleil, la fille de leur hôte sortit pour aller aux champs, lorsqu'elle revint tout étonnée dire que le baron avait mis sur pied tous ses gens pour aller à la recherche du cadavre de sa fille, qui s'était noyée la veille en tombant dans le Rhône; qu'il faisait publier même à son de trompe, dans les villages riverains, qu'une récompense de 50 livres sédunoises serait donnée à celui ou celle qui trouverait le corps.

Lorenzo se trouvait dans une position très-critique. L'appât du gain pouvait tenter quelqu'un de la cabane et signaler le lieu de la retraite de sa fille.

Lorenzo prit quelques pièces d'or dans son escarcelle et en donna deux à chacune des quatre personnes qu'ils étaient, les priant de ne point sortir de la cabane, de crainte des interrogations ou des indiscrétions, leur promettant encore une récompense avant de les quitter. Après midi, Elmenfride n'éprouvait plus rien des secousses qu'elle avait subies. Il fut donc convenu qu'à l'entrée de la nuit on amènerait un cheval sellé et que l'on partirait aussitôt, accompagnés du fils comme guide et du propriétaire du cheval jusqu'à Martigny. En conséquence de cette délibération, Lorenzo et sa bien-aimée se revêtirent des habillements de leur hôte pour détourner tous soupçons, et, à sept heures du soir, ils quittaient la cabane non sans y laisser une belle gratification. A dix heures, ils arrivaient au village de Bramois; à une heure, ils étaient à Riddes.

Le guide alla frapper à la porte d'une de ses connaissances pour avoir un autre cheval, ce qui fut fait à l'instant. A cinq heures du matin, ils étaient à Martigny et descendaient à l'auberge de L'Aigle, où Elmenfride put se reposer dans un lit.

Lorenzo paya grassement ces deux hommes, et promit au guide qu'il le reverrait avant peu, lui permettant de répandre, après huit jours passés, que la fille du baron n'était pas morte, et cela sans se compromettre; puis après avoir déjeuné confortablement, à trois heures de l'après-midi, deux chevaux furent amenés. Lorenzo et Elmenfride avaient repris leurs costumes; ils montèrent à cheval au regret d'Elmenfride qui aurait voulu passer la nuit à Martigny. A six heures du même jour, ils entraient à Saint-Maurice d'Agaune.

Après avoir soupé, ils demandèrent un véhicule; quoique les chemins fussent impraticables, ils purent s'y placer et parler de leurs projets.

— Ma chère amie, lui dit Lorenzo en lui prenant la main et lui donnant un baiser, nous allons être bientôt libres de toute crainte; quand nous serons arrivés à Lausanne, nous nous unirons. L'évêque connaît mon oncle le prieur, quand je lui aurai expliqué les circonstances et la position dans laquelle nous nous trouvons, il consentira à nous unir : par ce moyen, nous pourrons voyager sans gêne et librement comme l'homme et la femme peuvent le faire.

— Oui, Lorenzo, je serai ta femme; mais mon père et ma mère que vont-ils devenir, me croyant morte? Ils en seront inconsolables. Mon Dieu! mon Dieu! s'écria-t-elle, donnez-leur du courage et à moi le pardon!

— Bonne Elmenfride, lui dit Lorenzo en lui prenant la main, noble cœur, dans quinze jours ils seront prévenus de ton existence; je leur enverrai un message sans leur faire connaître qu'il vient de moi; plus tard, nous aviserons à d'autres moyens.

Le lendemain, depuis leur départ de Villeneuve, ils se présentaient par-devant monseigneur l'évêque de Lausanne. Après s'être fait connaître et en donnant tous les détails possible sur sa famille, particulièrement sur son oncle le prieur, l'évêque ne douta plus de l'identité de Lorenzo.

Le même jour, ils étaient unis par le mariage. Une année après, le prieur de Saint-Thomas tenait sur les fonts baptismaux un enfant du sexe féminin, Elmenfride en était la mère.

Le baron de Granges fut informé indirectement de l'existence de sa fille, il ne voulut point lui pardonner.

Cinq années venaient de s'écouler depuis qu'Elmenfride avait quitté le toit paternel d'une manière si tragique, lorsqu'un soir il arrivait à Sierre six cavaliers, une dame sur une haquenée avec une petite fille de quatre ans; ils allèrent demander l'hospitalité au seigneur de Platéa qui s'empressa de les recevoir.

Le maître de la cavalcade était le comte de LaRoche, reconnu par son grand-père avant de mourir. La comtesse, sa femme, était Elmenfride, sa fille Julia; ils venaient avec leurs gens pour leur servir d'escorte et pour voir le baron, son beau-père, et en obtenir pardon. — Une réunion eut lieu, le même jour, chez le seigneur de Platéa qui avait été instruit de tout par Lorenzo. Le baron de Granges et la baronne y furent invités comme premiers acteurs de la pièce qui devait se jouer. Quand tous les invités furent réunis dans le salon de réception, le baron de Platéa alla prendre la main d'Elmenfride qui tenait sa fille par la main suivie de Lorenzo, puis s'adressant au baron de Granges : — Mon cher baron, je vous présente monseigneur le vicomte de Laroche, madame la comtesse sa femme, et leur fille Julia.

Vaudoises.

La baronne de Granges reconnut aussitôt sa fille dans la comtesse, comme le baron reconnaissait Lorenzo le troubadour.

Elmenfride se jeta au cou de sa mère et Lorenzo dans les bras de son beau-père. Le pardon, la paix venaient de s'obtenir, tout était oublié.

Pendant quinze jours, ce ne fut que fêtes à Sierre; tous les nobles des environs y voulurent participer.

Un mois après, Lorenzo, sa femme, sa fille et ses gardes retournèrent à Nimes; mais avant de quitter le castel de Monthéys, Jehan, le fils du guide, et son sauveur ne furent point oubliés par Lorenzo.

NOTE HISTORIQUE

Lors de l'annexion du Valais à la France, ce canton prit le nom de département du Simplon. La conquête du Bas-Valais fut des plus faciles; les soldats français y furent acclamés au titre de libérateurs. En effet, le Bas-Valais était tributaire du Haut-Valais et traité comme sujet. Chaque village avait un bailli ou vidame; Vidondé, le chef-lieu du dixain, un gouverneur; tous étaient des nobles ruinés que l'on envoyait dans les villages du Bas-Valais pour refaire leur fortune : amendes, corvées, impôts, tout était bon pour faire recette. Cette chaleureuse réception ne faisait pas leur affaire ; étant chassés, ils se retirèrent dans leurs vieux manoirs démantelés et soulevèrent leurs paysans du Haut-Valais à partir de Sierre. La petite armée put y arriver. A deux kilomètres de cettelo calité, se trouve le vieuxcastel de Monthéys. Le Rhône le sépare du bois de Finge; il faut trayerser un pont en bois pour y arriver. La forêt est très-accidentée par suite d'éboulements; ce n'est que ravins et monticules garnis de pins, sapins et mélèzes. Lorsque les Français eurent effectué le passage du pont pour entrer au bois, ils trouvèrent à qui parler : huit cents hommes environ armés de fusils et mousquets les reçurent hardiment; quelques Français furent tués et reculèrent. Pendant quatre à cinq jours, il en fut de même, lorsque quelqu'un suggéra au commandant une idée lumineuse. L'eau-de-vie est la boisson favorite des Haut-Valaisans, le commandant en fit amener deux tonneaux chargés sur une voiture, puis simulant une attaque vigoureuse, — le cheval marchait toujours, — ils battirent en retraite; les Valaisans s'emparèrent de la voiture et de son chargement : heureux de leur capture, ils vidèrent les tonneaux; deux heures après, les Français purent passer, les soldats du Valais étaient ivres-morts. Le Valais était conquis.

UN MIRACLE A SARQUENEN

Au douzième siècle, Sarquenen n'était encore qu'un petit hameau. Cinq ou six maisons étaient parsemées parmi les noyers, l'aubépine et l'épine-vinette. Il y avait un sentier qui depuis Sierre y passait pour se rendre à Varone et Loûesches. Sarquenen est le pays le plus chaud du Valais ; abrité de tous les vents, exposé au midi, bâti dans un fond, la chaleur y est presque insupportable en été : aussi a-t-on donné le nom de côte d'enfer à un endroit de son territoire.

Dans la guerre qui avait lieu à cette époque entre les Guelfes et les Gibelins, un officier supérieur de ces derniers ayant été vaincu, son armée mise en déroute, il fut obligé de quitter sa patrie pour garantir sa tête de tomber, ayant été mise à prix.

Panbono était son nom, et il était de famille patricienne de la ville de Florence.

Panbono, après avoir su se rendre insaisissable dans ses États de Florence, fut cependant contraint à les quitter, attendu que l'on y faisait d'actives recherches pour s'en saisir; il se décida à passer à Milan, mais ayant appris qu'une bande d'assassins le cherchait pour le poignarder, il quitta à la hâte le Milanais pour se réfugier dans le Tessin. Après y avoir erré quelque temps, il se décida à passer en Suisse pour être à l'abri de la vengeance de ses ennemis acharnés à sa perte.

Il passa la Furka où le Rhône prend sa source, descendit la vallée de Conches pour ne s'arrêter qu'à Sarquenen. On était au mois de juillet, la chaleur était accablante. Le seigneur Panbono n'en pouvait plus. Un noyer, près de lui, lui offrait son ombrage; il s'y assit au pied près d'une heure, puis ayant tiré de son havre-sac du pain, du fromage, il mangea de bon appétit. Après son modeste repas, il se leva pour examiner les environs ; tout près de lui, il découvrit une petite éminence, il y monta. De ce point, il vit le Rhône, le bois de Finge en face et jusqu'au delà du village de Chipis.

— A quoi me sert d'aller plus loin ? se dit-il; ici je retrouve mon climat de Florence et j'aurai encore la faveur d'être éloigné de mes ennemis. Personne ici ne me poursuit, ce sera le vrai port de sûreté après mon naufrage.

Il en était à ces réflexions, lorsqu'un habitant de l'endroit vint à passer. Panbono l'interrogea pour connaître à quelle personne le mamelon appartenait. — A personne, lui répondit le paysan ; nous avons assez de culture sans défricher ce mamelon graveleux et inculte. S'il vous fait plaisir de vous en emparer, personne de nous autres ne s'y opposera.

— Eh bien ! répondit le seigneur Panbono, j'accepte. Pourrais-je, reprit-il, trouver des maçons pour y bâtir une maison logeable ? Si vous voulez vous en occuper, je paierai généreusement vos démarches à ce sujet.

A cette offre, le paysan y consentit non-seulement pour les maçons, mais encore pour la charpente et le charriage des matériaux. Panbono fut enchanté de cette réponse, puis il demanda ensuite au paysan s'il pourrait lui donner gîte et pitance pendant la construction de sa maison.

— Oh ! que oui, seigneur ; j'ai du lard, des noix, des châtaignes, du lait et du fromage de mes chèvres. Si vous trouvez cela à votre convenance, c'est tout ce que Jehan Jodoc peut vous offrir.

— Merci, merci, répondit Panbono. J'accepte avec reconnaissance tout ce que vous venez de m'offrir.

Quelques jours après cet entretien, des maçons et des manœuvres travaillaient à l'envi pour élever un bâtiment en pierre, le seul qui serait élevé dans le hameau.

Trois mois après on voyait une maison à deux étages avec fenêtres en ogives, avec une tour carrée sur le devant servant d'entrée principale et bien garnie de meurtrières pour pouvoir se défendre en cas d'attaque ou de surprise.

Le seigneur Panbono en prit possession quelques jours avant Noël pour y habiter définitivement.

Au printemps, il fit bâtir un oratoire sur le chemin auprès de sa maison ; chaque passant pouvait y faire sa prière à la Madone, lui-même s'y rendait chaque jour pour implorer les secours du ciel. Dans ses instants de loisir, il se livrait à la méditation ou à la prière. Son occupation favorite était de faire défricher aux alentours de sa maison, puis d'aller à la chasse avec ses deux lévriers qui lui procuraient abondamment le gibier pour sa consommation.

Malgré toutes ces distractions et ces occupations, Panbono devenait misanthrope. Quelque chose manquait à son bonheur. Il lui manquait le cri ou le chant de la cigale pour lui rappeler en entier sa patrie.

Cette chose, futile en apparence, le rendait malheureux par l'insomnie et lui ôtait même l'appétit.

Un soir, il se rendit tristement à son oratoire. Il se plaignit à genoux à la Madone, la priant avec ferveur d'intercéder auprès de son Fils pour qu'il eût à lui accorder ce qu'il demandait. Il fit vœu que s'il lui donnait pareil bonheur, il ferait bâtir une chapelle en son honneur.

Le lendemain matin, il entendit un grand bruit à sa fenêtre comme si la grêle eût été chassée par l'orage. — Il s'attendait à voir au jour les chemins dévastés et les arbres renversés.—Mais, ô Dieu! quelles furent sa surprise et sa joie, un chant assourdissant se faisait entendre! c'était celui des cigales que la Vierge avait fait venir d'Italie pendant la nuit. Pour donner le bonheur à Panbono, elle avait exaucé sa prière en faisant un miracle. — Telle est l'origine de la quantité de cigales que l'on entend à Sarquenen. Selon le vœu qu'il avait fait à la Madone, il lui fit élever une chapelle que l'on voyait encore il y a un siècle. Il y fut enterré et reconnu pour un saint quoique ne figurant pas dans le calendrier, n'ayant pas été canonisé par le pape.

LE CHAMOIS INVULNÉRABLE

Il y a vingt et quelques années, un gros chamois était signalé par les chasseurs comme étant d'une espèce toute particulière relativement à son pelage.

Il était de couleur noire en été, et jaune en hiver, à l'inverse de ses camarades les chamois. Il préférait vivre seul, semblable à un solitaire; aussi les chasseurs qui le connaissaient lui donnèrent-ils le nom de l'ermite. — Quand on le trouvait, des coups de carabine pleuvaient sur lui, mais aucun chasseur ne peut affirmer l'avoir atteint par une balle. — A la fin on crut au sortilége et l'on finit même par ne plus tirer sur lui.

— Trois frères, parvenus en âge, furent tous les trois de déterminés chasseurs, on les nommait les Niels.

Un samedi matin on racontait devant eux l'histoire du chamois invulnérable. — Bon, dit le plus jeune, je voudrais bien le voir à portée de ma carabine, frère, je le rapporterais à Orsières. — Le second ajouta : Quel conte vous nous faites là? Je sais bien que si j'avais la chance de le voir une fois, je pourrais bien, comme dit mon frère, le descendre à Orsières. — Eh bien, dit l'aîné, faisons voir que les jeunes sont plus adroits que les vieux.— Allons tous trois au Col de Ferret, où il doit se trouver, et nous serions de vrais maladroits... Tenez, c'est demain dimanche, allons à sa recherche.

— Mais à la chasse un dimanche! objecta le premier. — Dimanche ou lundi est un jour comme un autre, repartit le second frère, la poudre s'enflamme comme d'habitude et la balle atteint, fût-ce le diable. — Bien répondu, dit le dernier. Eh bien, avant la pointe du jour, il faut être au Col Ferret. — En effet, le matin, ils partaient tous les trois et étaient avant le jour à la montagne où le chamois était signalé ayant quitté son vallon de prédilection.

A neuf heures précises le chamois était découvert. La messe sonnait au village. Quand le chamois se trouva à la portée de la carabine de l'aîné des frères, il lui lâcha son coup. Le chamois surpris fit un saut sur une pierre pour voir sans doute à qui il avait affaire; puis il se mit à regarder les chasseurs qui s'approchaient de lui, et faisant quelques bonds, il gagna le glacier. — Vu qu'il n'était pas craintif, il fut résolu de le suivre. — Le chamois arrivé au glacier se mit sur une petite éminence de glace comme s'il eût attendu ses persécuteurs pour les braver.

L'aîné des frères, celui qui l'avait tiré le premier, voulut encore le tirer à nouveau, puis il plaça ses frères dans un endroit avantageux, présumant que s'il le manquait il devait passer à leur portée, que les uns ou les autres en auraient raison. En gagnant un poste on serait plus près et plus sûr de son coup. Il disparut tout à coup dans une crevasse du glacier. N'entendant point d'explosion, les deux frères quittèrent leur poste pour savoir de quoi il s'agissait. Mais ils ne le virent point. Alarmés, ils l'appelèrent, un cri sourd sortit du fond d'une crevasse : ce fut le dernier qu'ils entendirent.

Les deux frères coururent au village pour quérir du monde; étant arrivés, personne ne voulut descendre dans le gouffre; pas même ses frères n'osèrent se hasarder à en faire la tentative.

Un mois après, le plus jeune voulait, disait-il, venger son frère. En conséquence, il prit des vivres pour trois jours, car il avait juré qu'il ne reviendrait pas sans le chamois.— Le quatrième jour tout le monde était en peine, le jeune chasseur n'était pas revenu. Il y avait eu une tempête pendant la nuit sur la montagne, on faisait force conjectures, il avait dû périr: telle était l'opinion générale. — Une douzaine de jeunes gens se mirent en devoir d'aller à sa recherche, munis de cordes et d'échelles. — Après bien des tours et des détours, ils parvinrent à le découvrir. Le jeune Niel surpris par l'orage de la nuit, le froid l'avait saisi, il était mort gelé. Le jour de sa mort était un dimanche! — Environ deux années après, le second des frères et le dernier vivant partit à la chasse en compagnie de deux de ses amis. Ils se rendirent encore au même endroit, certains d'y trouver des chamois; les chasseurs se séparèrent pour les cerner et arriver en montant au sommet de la montagne, où il y avait un vallon très-fréquenté par les chamois; Niel, étant arrivé aux deux tiers de l'endroit désigné, aperçut un chamois qu'il allait surprendre et tirer. Il alla aussitôt, pour se placer avantageusement, se mettre derrière une pierre pour se masquer; une pierre lui fit faire un faux pas, un coup de carabine fut entendu, ses camarades accoururent croyant qu'un chamois venait d'être abattu. Au lieu et place du chamois, ils trouvèrent Niel rendant le dernier soupir: la balle de sa carabine lui avait traversé le corps. Ce jour funeste pour les trois frères était encore un dimanche!

Depuis cette catastrophe, personne ne va plus à la chasse le dimanche. Les gens d'Orsières ont beaucoup de lumières, mais par un beau soleil au ciel pur.

LE FOU DE LOUESCHES

En 1520, le seigneur de Meyringen était suzerain du baron de Racogne et tenait en fief la terre de ce nom.— Il lui devait foi et hommage, plus douze hommes armés en temps de guerre, équipés et nourris à ses frais. — Dans le cas contraire, il devait la nourriture à quatre chevaux ainsi qu'au palefrenier, plus vingt mesures de seigle par an pour toute relevance. Le château était petit et de triste apparence, bâti sur une roche dominant le petit hameau de Meyringen, une tour carrée sans aucun ornement. Les murs, gris et lézardés, donnaient une opinion bien chétive sur celui qui l'habitait. Ce seigneur venait d'atteindre la cinquantaine, il s'ennuyait d'être seul, il vexait, torturait ses pauvres vassaux au nombre d'une vingtaine, lorsqu'il s'avisa de se marier avec une de ses vassales. Il était amoureux de Margarita. En effet, le choix qu'il faisait ne pouvait lui être plus convenable. Elle était la fille du bourgmestre de la localité : une belle taille, de beaux cheveux noirs, de beaux yeux, le teint d'une fraîcheur de rose ; en outre de ses avantages, elle avait de l'esprit et vingt ans.

Son seigneur eût préféré l'avoir pour maîtresse que pour femme légitime, mais la rumeur publique lui fit connaître qu'on ne le souffrirait pas, et qu'il courrait des risques de représailles s'il commettait cet acte despotique et qu'il y allait même de sa vie. Il lui fallut donc passer par le sacrement de l'église pour pouvoir obtenir sa main.

Quand Margarita eut revêtu les habillements qu'exigeait sa nouvelle condition, personne n'eût cru à la voir qu'elle sortait de la roture. Tout ce qu'elle portait lui seyait à ravir : sa démarche était noble elle ne faisait rien sans dignité, soit qu'elle donnât ou qu'elle reçût. Son jugement était sûr et équitable et tout le monde, à l'envi, la proclamait comme la dame châtelaine la plus accomplie de toutes celles des environs.

Le sire, son époux, en était orgueilleux et jaloux; c'est aussi pourquoi il la conduisait très-rarement en visite chez les seigneurs ses voisins. A ceux qui lui demandaient pourquoi il n'amenait pas la belle châtelaine, il répondait qu'une femme, fût-elle comtesse, se devait aux soins de son ménage ; que d'ailleurs elle disait elle-même qu'elle ne se trouvait pas à l'aise dans le monde, s'y sentant trop inférieure. Il mentait en cela : c'est qu'il avait peur qu'en la conduisant dans les castels des environs quelque baron en devînt amoureux. Il voulait s'éviter des ennuis imaginaires.

Lors de son mariage, le baron de Racogne était à Berne, chez son ami le comte de Meryngen.

A son retour il alla voir son suzerain pour le saluer, et le complimenter sur le choix qu'il avait fait en épousant Margarita. Chose qu'il avait apprise en arrivant.

Lausanne.

Quand Margarita lui fut présentée, il fut tout interdit par la grâce et la beauté qu'elle avait ; elle fit au baron les honneurs du castel avec tant de noblesse qu'il ne pouvait revenir de surprise: « Qui dirait, disait-il, qu'une personne aussi accomplie sort de la roture ! Si j'avais une pareille vassale dans mes terres, je jure par Dieu que j'en ferais ma femme à l'instant même. »

Pendant le repas qui lui fut offert, ses yeux ne quittaient pas la châtelaine de vue. Son mari s'en aperçut ; aussi chercha-t-il un prétexte pour éloigner sa femme. « Mais Meyringen, lui dit le baron, votre dame n'est point une serve pour l'envoyer quelque part, elle a sa place ici puisqu'elle s'acquitte avec honneur de la charge de me recevoir ; il m'est avis qu'elle doit donc rester avec nous n'ayant rien à nous communiquer qu'elle ne puisse entendre. Je ne vois donc pas de motifs pour nous priver de son aimable compagnie. »

Meyringen n'insista plus. Margarita resta dans la salle jusqu'au départ du baron.

Le baron de Racogne (Racon, Raconia) était jeune, d'un caractère fougueux. Il était tellement infatué de son pouvoir par sa richesse et ses nombreux vassaux, qu'il aurait jeté le gant au premier seigneur venu.

Il aimait à guerroyer et à faire l'amour dans ses moments de repos. Quand il quitta le manoir, sa tête était pleine des perfections de Margarita. Le vieux singe de Meyringen avait été bien aise d'en faire sa femme, si je l'avais connue plus tôt, j'en aurais fait ma maîtresse. Que messire Satan le prenne.

C'est en se parlant ainsi à lui-même qu'il rentra dans son château. Le lendemain l'ennui le prit, contre son habitude ; ce fut alors qu'il organisa une grande chasse à laquelle il invita tous les seigneurs des environs, qui répondirent à son invitation.

Plus tard il voulut donner un tournoi ; le prétexte était d'y voir figurer Margarita, en même temps pour y déployer sa force, sa grâce et sa richesse. Animé qu'il serait par la dame de ses pensées, il attendait ce jour fortuné pour lui en faire la confidence.

Au jour fixé, un champ clos avait été organisé dans la plaine, en face Racogne et Tourtig. Ce champ était de forme carrée, huit bannières aux armes de ses terres seigneuriales, avec son blason en bas. Au jour fixé les seigneurs arrivèrent dès le matin, avec leurs bannières déployées, qui furent mises à la suite de celles du baron : c'étaient les seigneurs de

Riedmatten, Kalbermatten, le preux de Platéa, de La Soie de Courten et de Supersax. L'on n'avait jamais vu pareille fête en Valais. Le luxe des chevaux, des armes et des riches costumes en faisait un tableau splendide à voir.

Les manants, de dix lieues à la ronde, y étaient accourus en habits de fête. Les estrades étaient ornées avec goût; la soie, les tapisseries et les toilettes des dames formaient un tout admirable.

Le premier prix à disputer, un cœur en or avec chaîne, du poids de huit onces, serait gardé ou donné par le vainqueur à celle qu'il jugerait à propos, sans que pour cela père ou mari pût en inférer à mal et sans commentaires de la part de la noble assemblée; le second prix était un beau coursier de prix, tout sellé, et qui piaffait près du champ clos.

Le troisième était une grande coupe en argent ciselé aux armes du baron ; le quatrième, un anneau d'or; le cinquième, une écharpe brodée d'or sur fond de soie ; le sixième, des rubans et ceintures pour les dames.

Aussitôt que les hérauts d'armes eurent sonné pour entrer en lice, le baron se présenta le premier, ayant pour tenant le seigneur de Lavallaz pour disputer le premier prix, le seul auquel il tenait pour l'offrir à Margarita s'il était le vainqueur.

Les deux champions, pour essayer leur force et leur adresse, rompirent quelques lances courtoises; il était réservé que celui qui désarçonnerait son adversaire serait le vainqueur. Ils allèrent prendre du champ. Aussitôt les trompettes sonnèrent le signal, les deux champions fondirent alors l'un contre l'autre. Le choc fut terrible, la lance du baron se brisa sur la cuirasse de son adversaire, qui ne put tenir son cheval ayant fait un soubresaut, il fut jeté à terre, le pied restant pris dans l'étrier; on accourut pour le dégager de cette position dangereuse, il en fut quitte pour la peur et le déplaisir d'avoir été vaincu.

Le baron descendit de cheval, alla vers le héraut chargé de la garde des prix, puis l'ayant reçu, il se dirigea du côté où se trouvait placée Margarita, à l'étonnement de tous les assistants, puis mettant un genou à terre, il lui dit en lui présentant le cœur d'or : — A la plus belle au cœur d'or. Il lui prit la main, qu'il baisa selon les conditions du tournoi.

Le sire de Meyringen en devint rouge, puis violet. Tous les spectateurs avaient la vue fixée sur lui; chacun souriait de son désarroi, on voyait la colère pétiller dans ses yeux. Mais, pour ne pas être ridicule, il se contint. Margarita baissait les yeux, elle ne s'attendait pas à un pareil honneur de la part du baron ; elle était loin de s'imaginer qu'il eût de la préférence pour elle, attendu qu'il y avait dans l'assemblée nombre de dames et de damoiselles qui lui semblaient plus belles qu'elle et de plus noble extraction.

Son mari ne voulut point assister au banquet qui devait suivre à la fin du tournoi, il prétexta une indisposition pour se retirer chez lui. Le chemin qu'il avait à parcourir depuis Racogne à son castel ne fut employé qu'à dire des paroles blessantes à sa femme, sa jalousie contre le baron venait de se déclarer; à dater de ce jour, Margarita fut malheureuse injustement.

Quelques jours après les fêtes du tournoi, le baron vint pour saluer le seigneur de Meyringen. Ce fut Margarita qui le reçut; après les compliments d'usage, le baron lui donna à entendre qu'au lieu d'un cœur il lui en avait donné deux : le sien propre le premier.

La châtelaine ne savait comment répondre pour ne pas offenser le baron, quand aussitôt, son mari parut, et sans autre préambule, il alla lui prendre la main et, la poussant avec brutalité, il lui ordonna qu'à l'avenir elle se dispensât des réceptions.

Le baron, à cette manière d'agir, en fut très-mortifié, il ne put se contenir sans lui faire de vifs reproches. — Savez-vous, seigneur de Meyringen, que vous agissez comme un manant, que vous me manquez de respect ? Si ce n'était votre âge et la considération que j'ai pour votre dame, je vous demanderais réparation d'une pareille insulte. Je dois vous dire que vous avez agi comme un fou que vous êtes. Au revoir, Meyringen, dit-il en sortant, je me rappellerai d'un pareil affront.

La vengeance et l'amour le transportèrent dès cet instant.

De son côté, le seigneur de Meyringen connaissait le caractère du baron. Il avait tout à craindre de ses menaces, aussi sa mauvaise humeur se passait-elle à tourmenter sa femme et à la mortifier en lui disant qu'il avait eu le diable au corps pour faire une alliance avec une fille de rien, qu'il devait attendre d'une roturière, sa vassale, une pareille conduite, qu'il n'avait pas lieu de s'en étonner.

Margarita ne cherchait nullement à se justifier, elle croyait que la dignité offensée injustement ne méritait pas de justification. Quand elle était seule, ses larmes étaient sa réponse. Son mari éprouvait du plaisir à lui rendre la vie amère. Elle regrettait son passé, elle eût préféré, ce jour, un paysan à un seigneur.

Un jour que son mari lui avait dit une parole des plus offensantes pour son honneur, elle lui répondit sur le même ton. Exaspéré de cette hardiesse, il usa de sévices envers elle. Depuis cet instant, Margarita n'eut plus que du mépris pour lui.

A quelque temps de là, dans une discussion qu'il eut avec le baron sur un motif d'intérêt, il commit la sottise de l'apostropher d'une manière injurieuse à son honneur, et cela par-devant témoins.

Le baron préféra le faire passer pour fou que d'en obtenir raison par la voie des armes ou de la justice. Il le fit enfermer au château de Loûesches, comme tel; il mit à sa garde l'un de ses gens pour geôlier, avec ordre de ne le laisser communiquer avec personne, et de lui donner une nourriture confortable due à son rang.

Le baron se fit nommer tuteur de Margarita pour soigner ses intérêts, par ce moyen il trouva le prétexte de lui rendre visite quand il le jugeait à propos. A force de soins et de prévenances elle finit par aimer le baron, quelque temps après elle était sa maîtresse.

Environ dix-huit mois après leur liaison, le baron se trouva forcé de partir pour la guerre contre l'Autriche; il s'était allié avec les seigneurs des cantons suisses, il partit à la tête de mille hommes, tous vassaux de ses domaines seigneuriaux.

Quelques jours après son départ, Margarita eut la malheureuse et fatale idée d'aller voir son mari pour savoir à quel degré de folie il se trouvait, car elle le croyait réellement fou, d'après sa conduite envers elle.

Montée sur sa haquenée, elle arriva à Loûesches avec deux de ses gens, puis demanda au geôlier de l'introduire seule devant son mari. Le gardien insista pour l'accompagner, mais elle refusa, alléguant qu'elle avait à lui parler sans témoins, pour des affaires personnelles. En conséquence de cet ordre formel, il referma la porte à clef et se retira.

Quelques instants après, des cris : Au secours! se faisaient entendre, poussés par Margarita. Le geôlier et ses deux serviteurs accourent, ils ouvrent la porte de la chambre , ils le voient, tenant sa femme à bras-le-corps, puis disparaître par une fenêtre donnant presque perpendiculairement sur le Rhône. La chute était au moins de cinquante pieds de hauteur à la base du château. Les deux corps roulèrent encore entrelacés, cent pieds plus bas, et s'arrêtèrent contre un arbre. Le geôlier et ses deux serviteurs accoururent éperdus, jetant des cris de désespoir d'une pareille catastrophe arrivée à leurs maîtres. Après inspection des corps, il fut constaté qu'ils étaient morts déjà à la première chute ; ils étaient brisés et presque méconnaissables.

On les transporta dans leur demeure seigneuriale, d'où ils furent inhumés dans leur chapelle.

Un mois après, le baron de Racogne était tué dans une bataille où il s'était conduit en héros, sans en avoir la prudence.

Le château de Loüesches fut construit par un évêque de Sion, comme maison de plaisance. Vers le commencement du xvie siècle, à sa mort, il devint la résidence du gouverneur du dixain. En 1794, par suite de la Révolution française, il en fut chassé et devint propriété municipale. Aujourd'hui, le tribunal, le juge de paix, le conseil municipal y tiennent leurs séances, en plus deux écoles ; ce qui vaut mieux qu'un tyranneau de gouverneur.

UN SUICIDE PAR AMOUR

Garçon de paille, vaut fille de foin, dit le proverbe. Si les pères ont raison souvent, les enfants ont raison aussi quelquefois. Pourquoi rompre une inclination quand il n'y a pas de cas admissible, pourquoi faire volontairement le malheur de deux êtres qui étaient destinés l'un pour l'autre ? Quand un parti est sortable, que la conduite, le caractère sont convenables, pourquoi s'opposer à une union souvent par le prétexte de la fortune ? En Italie, les filles n'ont que la légitime. Supposons deux enfants frère et sœur. Le garçon prend la moitié et partage l'autre moitié avec sa sœur. Cela n'empêche pas les Italiennes de se marier ; que la fortune vienne d'un côté ou de l'autre, pourvu que l'on y trouve le bonheur, cela doit aplanir bien des obstacles et éviter des chagrins et des remords aux opposants.

Smith était fils unique, beau garçon, d'une famille honorable. Son père était tailleur. Smith avait reçu de l'instruction, il allait avoir vingt ans.

Joséphine était une jolie blonde sage et modeste, accorte et spirituelle, elle appartenait à un honnête mercier, elle avait dix-huit ans.

Smith et Joséphine avaient été élevés ensemble et avaient grandi de même. Ils étaient voisins et leurs parents en parfaite intimité. — Il arrivait quelquefois que leurs parents les voyant jouer si naïvement en éprouvaient un plaisir indicible. Tous deux pensaient que, quand ils seraient en âge de s'établir, cela ferait deux heureux tant ils étaient inséparables. Ils en parlèrent même un jour en riant, en disant : Ces deux-là, je crois, donneront à danser. — Si les deux jeunes gens grandissaient, après l'amitié enfantine, l'amour, à son tour, vint aussi à grandir. Comme ils étaient destinés l'un pour l'autre, les parents ne mirent point d'obstacles à leur fréquentation, ils pouvaient se voir librement chaque jour et se dire qu'ils s'aimaient.

En 1750, un parent du tailleur vint à mourir laissant un petit héritage. La femme du mercier était parente du défunt.

Son mari prétendit y avoir droit, les deux amis au lieu de prendre le chemin de la raison et de l'équité en prenant des médiateurs pour arranger leur différend, prirent le chemin de la justice : au procès succéda la haine et toutes relations furent rompues.

Ordre fut donné aux deux jeunes gens de ne plus se parler sans encourir la malédiction paternelle.

Cet ordre était injuste et cruel, eux seuls pouvaient ramener à une réconciliation les deux familles.

Smith en fit des ouvertures au père de sa bien-aimée. Cette demande de soumission et de paix fut reçue par une réponse outrageante. Les juges donnèrent pour solution du procès le mariage des deux enfants. Le mercier entêté ne voulut rien entendre.

Les jeunes gens pleuraient chacun de leur côté voyant leur union impossible par l'irascibilité de caractère du père de Joséphine. Car le père de Smith était prêt à consentir à tout.

Un jour qu'ils se rencontrèrent par l'effet du hasard, chez une voisine. Smith conseilla à sa bien-aimée de tenter un dernier effort auprès de son père. Ce serait le dernier qu'elle ferait. Joséphine lui promit de se rencontrer le lendemain à la même heure pour lui transmettre la décision de son père; elle se jeta à ses genoux pour obtenir l'oubli des injures proférées, elle le supplia de cesser l'acharnement qu'il mettait dans la poursuite du procès, lui dit qu'il avait promis sa main à Smith, qu'il l'avait toujours considéré comme son propre fils, qu'elle l'avait donc aimé comme étant son fiancé, par conséquent qu'elle lui avait voué tout l'amour qu'elle était susceptible d'éprouver. — Ah! mon bon père, lui dit-elle en pleurant et en embrassant ses genoux, croyez-moi, pardonnez. Notre-Seigneur a été plus indulgent que vous, il a pardonné à ses ennemis autrement méchants que le vôtre. D'ailleurs, vous, si bon, vous ne voudriez pas causer la mort de votre Joséphine, votre unique enfant.

— J'aimerais mieux que tu fusses morte cent fois, reprit son père, que de consentir à un mariage avec le fils de mon plus cruel ennemi.

— Ainsi c'est fini, ne m'en parle plus, je te le dis pour la dernière fois : je ne donnerai jamais mon consentement à ce mariage.

— Ainsi, mon père, c'est là votre résolution et votre dernier mot. Eh bien, qu'il soit dit, je n'en parlerai plus.

Elle se releva calme, elle avait séché ses larmes.

Le lendemain, aussitôt qu'elle vit Smith, elle se jeta dans ses bras en pleurant.

— Eh bien, dit Smith, et ton père qu'a-t-il dit?

— Inexorable! il préfère ma mort à mon mariage avec toi.

— Soit, reprit Smith froidement, que son vœu soit exaucé, le veux-tu, Joséphine?

— Oui, Smith, je le désire même, quand le voudras-tu?

— Eh! ma bien-aimée, ce soir à huit heures, échappe-toi, tu me trouveras sur le pont de la Dalla ; c'est là que je t'attendrai à l'autel et nous aurons pour lit nuptial le lit de la Dalla.

A l'heure convenue les deux amants étaient au rendez-vous. Joséphine avait sur la tête une couronne virginale, elle s'était parée de ses habits de fête. — Smith était également paré. — Après s'être mis à genoux, ils firent une prière pour implorer le pardon de Dieu de leur destruction volontaire. — Smith attacha son corps à celui de sa fiancée, voulant ne point être séparés même dans la mort. Puis ils franchirent la balustrade du pont. Deux corps ne firent qu'une seule chute au fond du précipice de la Dalla.

Le lendemain les deux pères étaient très-inquiets sur la disparition de leurs enfants. Ils croyaient à une fuite. Lorsqu'on vint les avertir que

Le sire de Meyringhen.

l'on voyait deux cadavres sous le pont de la Dalla qui ressemblaient fortement à leurs enfants. — Ils y coururent, le fait était malheureusement trop réel!!!

Un écrit fut trouvé sur Smith, contenant ces lignes :

« Ne pouvant nous unir par-devant les hommes, nous avons pris la « résolution de nous unir devant Dieu. Puisse-t-il nous pardonner, ainsi « que vous; nous souhaitons qu'une même pierre recouvre nos cendres. »

Depuis ce fatal événement lorsque l'on passe sur le pont, à huit heures, on entend des gémissements poussés sans doute par l'âme des deux amants.

LE POSSÉDÉ DE TOURTEMAGNE

Il y a un siècle, dans le haut Valais, les curés étaient redoutables et considérés à l'égal des demi-dieux. On leur rendait un culte qui allait jusqu'à la lâtrie, ils étaient omnipotents dans toutes choses. Leurs décisions étaient religieusement observées tant on était convaincu de leur infaillibilité. — *Tourtemagne* était favorisé par un curé de cet acabit. Il était en outre d'une irascibilité de caractère qui le rendait intraitable, il ne pouvait soutenir ni la discussion, ni la contradiction; il avait toujours raison dans toutes choses, et à la moindre peccadille de l'un de ses paroissiens il avait toujours une porte de l'enfer ouverte pour y faire passer un pécheur. Il était tellement méchant que ses paroissiens tremblaient à son approche, il était devenu un vrai Barbe-Bleue. Les pères et mères pour rendre leurs enfants dociles, leur disaient : Gare! voici monsieur le curé qui vient. A cette seule menace les enfants étaient obéissants.

Attenant à la maison du curé, il y avait un beau jardin, il s'y délassait en le cultivant lui-même. Il taillait aussi ses arbres fruitiers.

Il avait un magnifique abricotier qui était attaché après le mur du côté du midi. On était au mois d'août, les abricots venaient d'acquérir leur parfaite maturité, leur couleur jaune et rosée en témoignait. Le curé allait tous les jours les observer et les admirer, il en connaissait jusqu'au nombre.

Un soir Golden passait, à l'entrée de la nuit; il vit les abricots en maturité, une idée diabolique vint lui surgir dans la tête, il n'en avait jamais mangé. Le mur de clôture n'était pas très-élevé, il était facile de l'escalader, d'ailleurs il était plus que probable que le curé n'en connaissait pas le nombre; puis, après tout, quelques abricots de moins ne causeront pas une grande perte au curé. Le même soir, Golden s'introduisait furtivement dans le jardin, il prit douze abricots qu'il mit dans ses poches, il en mangea six avant que d'atteindre son domicile; puis, rentré chez lui, il se coucha, et dormit avec la conscience la plus légère.

Le lendemain la première visite que fit le curé fut pour son jardin. Ce jour était un dimanche : à l'aspect de son abricotier dégarni de son fruit, il proféra des malédictions horribles contre le voleur.

Aussi, à la messe, il monta en chaire pour fulminer l'anathème.— Mes frères, dit-il, savez-vous la responsabilité qu'il y a devant Dieu en touchant aux biens de l'Eglise ou à ses fruits? Eh bien! C'est la damnation éternelle! Malheur! malheur! pour celui qui a dérobé mes abricots. Cependant, par le pouvoir qui m'est dévolu de par notre Saint-Père le pape, je puis damner ou absoudre; si le coupable vient me faire l'aveu de sa faute, je ne le punirai que par une correction paternelle. Mais si contre toute attente il ne vient pas se constituer, je dois vous déclarer qu'à dater de dimanche prochain je publie un monitoire contre lui. Or, mes frères, l'effet d'un monitoire est terrible dans ses conséquences, c'est une âme que je livrerai à Satan avec possession immédiate.

Personne ne vint s'accuser du vol, le curé publia ses monitoires et Golden finit par ne plus venir à la messe. Plus de doute; qui pouvait avoir volé, si ce n'était celui qui ne fréquentait plus l'église? Golden fut acclamé d'une seule voix comme possédé. Golden s'en souciait fort peu, il se portait bien, il avait le même appétit et le même sommeil. Après tout, se disait-il, je serais un grand sot de redouter ses armes spirituelles, ses foudres de l'Eglise comme il se plaît à les nommer.

C'est dans cette disposition d'esprit qu'il allait tous les soirs à la chasse des canards sauvages qui pullulent dans les marais de Tourtemagne. La chasse lui était lucrative. Adroit tireur, c'était lui qui alimentait la table de l'évêque et des chanoines de Sion pour les jours maigres.

Un jour, il eut l'idée de ne plus envoyer de canards au palais épiscopal. Mais l'évêque qui en raffolait lui fit dire qu'il eût à lui en envoyer sur-le-champ. Golden préféra en porter une douzaine lui-même.

Arrivé à Sion, il se transporta à l'évêché, il y demanda audience à l'évêque pour un fait grave.

L'audience lui fut accordée; admis en sa présence, il se fit connaître pour être le pourvoyeur de Sa Grandeur, en fait de canards. — Mais, dit l'évêque, pourquoi ne m'en envoyez-vous plus? — Ah! Monseigneur, répondit Golden, je ne le puis plus, le plomb de mon fusil ne peut plus les atteindre depuis que notre curé m'a rendu possédé. — Qu'est-ce à dire, quelle est cette bêtise, que me contez-vous là?

— Rien n'est plus vrai, Monseigneur. J'ai dérobé douze abricots dans son jardin.

— Allez, allez, dit-il à Golden, votre curé est un sot; moi, je vous absous, recevez ma bénédiction. J'apprendrai à un inférieur à empiéter sur mes droits et à me priver de ce qui fait mes délices le vendredi. Puis, sautant à une autre réflexion, il demanda à Golden quand il pourrait lui envoyer du gibier? — Aujourd'hui même Monseigneur, j'ai douze canards dans mon sac.

— Mais, reprit l'évêque, que m'avez-vous chanté que vos balles n'atteignaient plus le gibier? Oui, je comprends, vous avez autant cru à la possession que moi à l'inaction de vos balles; partant, nous sommes quittes. Dans tous les cas, gardez le secret, cela serait d'un mauvais effet si le peuple avait connaissance de la vérité.

— Monseigneur, je serai discret, et en plus, je lui donnerai un canard pour indemnité de ses abricots. — Savez-vous, reprit l'évêque avant de le quitter, que vos idées ne sont pas celles du pays, à quoi pensez-vous alors? — Je ne pense à rien, répondit Golden, seulement à l'émancipation du peuple et de vos férules. Dès aujourd'hui, je suis libre penseur! — Horreur! dit l'évêque. — Ces horreurs ne proviennent que de vos abus, votre tyrannie, votre cupidité. — Comment, repartit l'évêque, vous raisonnez ainsi! Eh bien, moi, je maintiens la possession du curé. — Et moi, je vous récuse; adieu, dit Golden, vous ne mangerez plus de mes canards.

L'AME D'UN PROCUREUR DAMNÉE

Au-dessus du bois noir, lieu où était jadis la ville d'Epaunum (Epaune) qui fut ensevelie par une chute partielle du mont Terrible ou Aiguille du Midi, au VIᵉ siècle, en l'an 408, il y fut tenu un concile œcuménique. En face de cet endroit, on trouve un petit village perché sur la montagne, il se nomme Vex.

Il y a cinquante ans qu'un individu quittait cette commune pour exercer sa profession dans la plaine. Il acquit, par sa férocité et ses spoliations, le titre de *Père Sansquartier ;* il exploitait la veuve et l'orphelin, malgré la pitié qu'ils auraient dû inspirer à tout autre. Chez lui, la pitié n'avait pas accès, tous les moyens étaient reconnus valables pour les rançonner ; son cœur de boue était impassible aux larmes des infortunés qui avaient le malheur d'être sous ses griffes.

Il donnait une remise de paiement, en augmentant la valeur de la créance d'un quart, ou il portait des frais d'honoraires monstrueux ; avec lui était exigé le tiers en sus de la saisie, avec toute rigueur ; il achetait même des créances à moitié perte pour avoir le plaisir de faire des frais qui lui revenaient ; il surchargeait les écritures. A l'entendre, il se disait honnête homme, il observait, disait-il, strictement la loi, avec la loi il devint le fléau des débiteurs, qu'il ruinait impunément ; aussi, en quelques années, avait-il acquis, sinon une bonne réputation, mais une jolie fortune. On n'entendait que malédictions prononcées sur *Sans quartier ;* mais peu lui importait, il n'en continuait pas moins ses déprédations, tolérées et admises par la loi. Cela le faisait rire, il était cuirassé contre la charité. Pour se pallier de toutes ces inculpations, il affichait des dehors religieux en fréquentant les églises, mais personne ne croyait à la sincérité d'un hypocrite pareil.

Le remords n'a pas de prise sur l'âme d'un procureur !!! Il tomba gravement malade, sa vie fut en péril.

Le curé connaissait la source de sa richesse par le nombre des malheureux qu'il avait faits. Il l'engagea chaleureusement à une restitution s'il voulait sauver son âme. — Restituer !. répondit-il exalté, et pourquoi ?

Ce que je possède a été gagné légitimement; je n'ai agi que conformément à la loi et par la loi et coutumes de mon pays; je ne suis donc nullement coupable. — Mais, la loi des hommes, reprit le vénérable prêtre, n'est pas celle de Dieu; tout en observant la loi qui nous régit, si elle n'a pas pour base l'équité, elle est erronée et abusive. Ainsi, mon fils, croyez-moi, revenez à la résipiscence et à la restitution, ou craignez la damnation éternelle!

— Moi! la restitution, non! non! Je préfère la damnation. La restitution serait d'un effet pernicieux pour mes collègues. Ce serait la première fois que l'on verrait pareil fait; je ne veux pas donner dans le ridicule. Ainsi, cessez, dit-il au prêtre, vos exhortations, je n'y souscrirai jamais.

— Vous êtes donc incorrigible jusqu'aux portes du tombeau, mon fils, rappelez-vous mes paroles: vous serez jugé selon vos œuvres. Puis, ces paroles exprimées, il partit.

Quelques jours plus tard, le procureur *Sansquartier* était au plus mal. Se sentant mourir, il fit appeler son fils et lui dit: — « Ne sois jamais procureur, ni tes enfants non plus; je reconnais qu'il faut avoir un cœur de bronze pour exercer cette charge; je sais, et je suis convaincu que je suis damné. »

Ces paroles furent à peine achevées qu'il rendait l'esprit.

Sansquartier était mort. Huit jours plus tard, à minuit précis, un tintamarre affreux se faisait entendre dans la maison: les meubles dansaient à l'envi par la chambre, la vaisselle tintillait; toute la famille du procureur était dans l'épouvante. Pendant quinze nuits successives le même vacarme se fit entendre, des aspersions d'eau bénite se succédaient pendant la nuit et le jour, des messes furent dites pour le repos de son âme, on invoquait tous les saints du calendrier, sans que pour cela le bruit cessât. Ce fut alors qu'une voisine insinua à la veuve d'avoir recours aux capucins de Saint-Maurice, seuls compétents dans ce genre d'exorcisme. En effet, avec cinquante livres de sel, avec un veau en entier, ils obtinrent un résultat des plus efficaces.

L'âme du procureur quitta la maison pour s'installer sur le chemin qui conduit à Vex. Quand l'on y entend un cri plaintif, personne ne met en doute que ce ne soit l'âme damnée du procureur *Sansquartier*.

—

Note. Dans cet écrit, nous avons donné une idée juste et vraie des lois de la Suisse en général et du canton du Valais en particulier. Quant à l'emploi de procureur, toute personne peut l'exercer. Mais, pour cumuler plusieurs charges, il faut avoir fait un cours de droit, alors on peut aspirer à être officier, notaire, avocat, greffier du tribunal, député au grand Conseil du canton. Le mot procureur veut dire qu'il est chargé d'opérer les rentrées des créances de ses clients. C'est le meilleur emploi pour lui.

LE BANDIT DE CRIQUE

Il y a environ cent ans, la famille des barons de Stokalper était la plus riche du Valais. Vers l'époque que nous venons de citer, le baron avait pris à son service un valet de chambre d'origine italienne, il se nommait Fiorentini. Le baron l'affectionnait beaucoup, tant il était content et satisfait de son zèle à le bien servir fidèlement. Un jour il vint au château un banquier de Genève, pour emprunter une somme de vingt mille livres. Le baron, qui le connaissait particulièrement, lui délivra immédiatement la somme demandée toute en louis d'or. Le banquier, qui était venu à cheval, se retira dans la chambre qu'on lui avait désignée ; ayant fait ses compliments au baron, il lui dit qu'il voulait partir de bon matin, à quatre heures, vu qu'il était extrêmement pressé de rentrer chez lui. En conséquence de ce désir, il pria Fiorentini de le réveiller à l'heure dite. La somme tenta Fiorentini qui, au lieu de le réveiller à quatre heures, le réveilla à deux.

Le banquier, quoique trop matin, voulut partir également. Fiorentini courut prendre un pistolet et un poignard, et par un chemin détourné alla attendre le banquier entre Brègue et Viège, à l'endroit où le Rhône bat de ses flots un rocher qui est le seul passage et des plus étroits.

Aussitôt que le banquier parut, Fiorentini lui demanda en patois du pays la bourse ou la vie. Par précaution contre la fuite, il plongea son poignard dans le ventre du cheval qui s'abattit. Couper les courroies du porte-manteau fut l'affaire d'un moment. Le banquier n'avait pas encore débarrassé ses pieds des étriers, que la besogne de Fiorentini était finie. Au lieu de rentrer à Brigue, chez son maître, il passa par la vallée de Conches pour rentrer dans sa patrie. Force fut au banquier de revenir à Brigue emprunter la même somme qui venait de lui être volée. Dix ans après, le baron se rendait à Milan pour affaire d'intérêts, on lui recommanda tout particulièrement l'Osteria d'Ingleterra comme la meilleure de la ville. Après y être descendu, il sonna pour avoir quelque chose, ce fut son ancien valet de chambre qui se présenta. Tous deux furent stupéfaits de se rencontrer. « Comment! C'est toi, lui dit le baron, un bandit dans un hôtel de premier ordre; je vais t'en faire chasser à l'instant même. Où est ton maître. — Attendez, monsieur le baron, je vais le sonner, il viendra de suite. » Puis, Fiorentini sortit et rentra en disant : « Voici le maître de l'hôtel, que lui voulez-vous? — Ah! c'est vous, reprit le baron, qui êtes le propriétaire, je vous en fais mon compliment. Vous me connaissez sans doute. — Oui, monsieur le baron, répondit Fiorentini. — Bien, reprit le baron, il faut me prêter vingt mille francs sur parole : je dois cette somme à un banquier de Genève depuis dix ans, il y a même encore les intérêts. — Bien, monsieur le baron sera satisfait sur l'heure. En effet, il lui compta le capital et les intérêts.

« Mais comment, lui dit le baron, as-tu pu devenir aussi riche en si peu de temps? — En travaillant, j'ai loué cet hôtel, puis je l'ai acheté, les vingt mille francs volés ont porté leur fruit. Vous voyez, monsieur le baron, que la fortune rend un homme honnête plutôt que la misère. — Cela est vrai, répondit le baron, mais ton exemple est rare dans un voleur. »

LE MAITRE D'ÉCOLE DE NATERS

Naters est un gros village, en face de Brègue, à gauche du Rhône Ce village est ancien; un vieux château en ruine pouvant dater du XIIe siècle est le seul édifice que l'on y voie. Il fut construit probablement pour arrêter les invasions des Suisses des petits cantons, tels que Ury, Glaris, qui souvent venaient piller et voler des bestiaux dans la vallée de Conches, où les vaches paissaient.

Ce fut dans le village de Naters, lorsque les Suisses furent licenciés en France au mois d'août 1830, qu'un vieux soldat regagna ses foyers lentement et avec beaucoup de regrets, parce qu'il avait contracté le vice de la paresse, et que rentré au village il fallait travailler s'il voulait manger.

Le château de Meyringhen.

Il avait reçu dans sa jeunesse le sobriquet de *Te rogamus audi nos*. Comme ce nom était trop long, on le rectifia par celui-ci : *Audinos*. Ce nom lui venait de ce que dans les processions sa voix de stentor s'entendait fortement au-dessus de celles des autres, en répondant au prêtre : *Te rogamus audi nos*.

Arrivé à Naters, il était fort embarrassé. Travailler à la terre, elle était bien basse! c'était fatigant; faire autre chose, il ne savait rien, n'ayant point d'état.

Après avoir mûrement réfléchi, il pensa qu'il pourrait facilement devenir maître d'école, sachant lire et écrire. C'est dans cette résolution qu'il se présenta chez le bourgmestre pour postuler cet emploi à l'ouverture de l'école. Le conseil municipal ne se souciait point de le recevoir, attendu qu'il n'était pas assez lettré. Mais sur l'observation du curé qui donna pour raisons qu'un maître d'école qui venait de la France ne devait plus être un homme ordinaire, que d'ailleurs ses connaissances militaires devaient aussi militer en sa faveur, d'autant plus qu'il pouvait apprendre l'exercice à ses écoliers, et que partant, cette considération devait prévaloir sur les autres chez un peuple guerrier, le conseil, convaincu par de pareils arguments, consentit à lui donner l'emploi sollicité, et de plus la place de chantre au lutrin.

Le curé passait dans le village pour un homme éminemment savant. Il formait une collection d'insectes, parlait souvent de l'histoire naturelle, il était même agrégé, membre correspondant de la Société de *die Narren*.

L'ouverture de l'école arriva enfin et *Audinos* y prononça un discours éloquent qui fit une grande sensation sur les assistants. Écoliers, leur dit-il, souvenez-vous que je suis votre commandant et, comme tel, vous me devez obéissance et respect; le premier qui manquera à son devoir, je le mettrai à la salle de police. Ensuite, je vous préviens que j'exige avec toute la rigueur possible que vous ne manquiez pas les exercices et d'être toujours à l'appel. Voilà qui est dit, en place, repos! Les écoliers recevaient plus de leçons militaires que de lecture et d'écritures. Les parents n'avaient pas à y trouver à redire, M. le curé assurant que c'était l'instruction du jour, et que dans d'autres cantons on n'en donnait point d'autres. Il n'y avait rien à répliquer, du moment qu'il en était ainsi ailleurs. Au printemps, *Audinos* se sentit des velléités pour le mariage, il prétendait que faire son lit et sa soupe, était pour lui très-ennuyeux. Il chercha donc parmi les beautés du village celle qui lui conviendrait le mieux, un homme en place devait facilement trouver une femme pour s'unir avec elle.

En effet, à sa première demande, il fut accepté par une jeune égrillarde de vingt ans, elle avait le nom de Françoise. Quinze jours après, elle devenait sa chère moitié.

Audinos était passionné pour la chair d'oie. Il racontait à sa femme les bons repas qu'il avait faits à la barrière du Maine à Paris. — Ah! si tu savais, ma poulette, lui disait-il, combien l'on peut faire de mets avec de la graisse d'oie, surtout des pommes de terre frites; rien que d'en parler l'eau m'en vient à la bouche. Tiens, pour Dieu et pour moi, achète des oies, il y en a à Brigue. Ainsi avec deux oies, en les faisant couver, nous en aurons d'abord une douzaine; nous pourrons au moins nous régaler et cela me rappellera mon Paris d'autrefois.

Comment Françoise aurait-elle pu résister au désir de son mari après la description des avantages qu'on a à posséder des oies? Elle courut à Brigue le même jour : elle en rapportait deux, un mâle et une femelle, avec une vive satisfaction.

Dix jours après, cinq œufs était dans le nid, fallait-il les manger ou les laisser incuber? demanda Françoise à son mari. Non, non, sapredieu! Couver! couver! répondit *Audinos*. Quelques jours plus tard, il demandait à sa femme si l'incubation était finie. Aujourd'hui, mon ami, j'attends les petits. Le lendemain, Françoise se rendit dans l'écurie pour connaître si l'éclosion des oisons était faite, elle en vit un qui semblait être mort, elle se mit au jour pour s'en rendre compte. Quelle fut sa surprise, c'était un petit lapin!! Elle compta les œufs, quatre étaient encore à éclore, la coquille témoignait du nombre de cinq. *Audinos* rentrait de l'école, elle lui fit voir ce qu'une oie avait couvé. Ma femme, tu plaisantes, va en quérir un autre, nous le casserons et nous verrons bien si c'est la vérité.

Françoise apporta un autre œuf qui fut cassé, un lapin s'y trouvait encore au lieu d'un oison. Mais, dit *Audinos* par réflexion, est-ce que nos oies auraient eu une envie? tu sais, Françoise, les femmes sont si bizarres dans leurs envies. Je ne le sais pas encore. Allons, ma femme, ne te fâche pas, tu le sauras bientôt, mais tu conviendras que c'est bien drôle. Il faut que la couveuse ait vu un lapin qui lui a fait peur. Oui, oui, ce n'est que cela, je vais courir pour voir M. le curé, pour lui faire part de la chose; lui qui connaît tout, il m'en donnera l'explication. Dix minutes après, le curé entrait chez *Audinos*, dans la chambre où étaient les deux coquilles et les deux lapins; les ayant examinés avec la plus scrupuleuse attention, il en resta interdit par la vérité du fait. Pour se rendre à l'évidence, il alla lui-même prendre un œuf qu'il cassa. Un lapin s'y trouvait! Plus de doute, le phénomène était avéré.

— Eh ! bien, dit *Audinos*, qu'en dites-vous, monsieur le curé ? croyez-vous à un maléfice de la part de quelqu'un ?

— Détrompez-vous, n'allez pas porter des jugements téméraires, c'est un phénomène de la nature, et voilà tout. Monsieur le magister, reprit le curé, allez de ce pas voir le bourgmestre, vous lui direz qu'il assemble son conseil à l'instant et qu'il se transporte ici de suite, pour certifier et constater le fait en apposant leurs signatures au procès-verbal que je vais rédiger pendant l'attente de ces messieurs. Une heure après, le conseil était réuni chez *Audinos*, un œuf fut encore cassé en leur présence d'où un lapin en sortit encore à leur ébahissement. Ces magistrats n'en pouvaient revenir d'un pareil résultat. Ils avouaient avec franchise et bonne foi que de mémoire d'homme, on n'avait rien vu de pareil à Naters.

Le curé les remercia vivement en leur disant que ce phénomène allait avoir un grand retentissement parmi les savants. — Tenez, messieurs les conseillers, ajouta-t-il, moi qui ai lu Buffon, Cuvier, Linné, Pline, Lacépède et tant d'autres auteurs, je puis vous certifier qu'aucuns d'eux n'ont parlé de pareils phénomènes. Il faut qu'aujourd'hui notre commune ait la gloire d'en produire l'un des plus beaux et des plus curieux. Je vais envoyer le procès-verbal que vous venez de signer. Au retour, je vous ferai part de ce que l'illustre Société *die Narren* m'aura répondu.

Quinze jours après, le curé recevait la réponse à son procès-verbal, il s'empressa d'en instruire le conseil assemblé exprès à cette occasion. En voici la teneur :

« Cher collègue et correspondant, c'est avec un extrême plaisir que nous avons reçu votre rapport si plein d'érudition ; nous y avons trouvé votre plume habituelle d'où rien n'échappe à votre jugement, et sur la profondeur de vos connaissances sur l'histoire naturelle. Dans notre assemblée convoquée à l'extraordinaire pour résoudre l'incubation des œufs d'oie, plusieurs membres révoquaient en doute la possibilité des lapins. Cependant, à la fin, toute la haute assemblée fut convaincue par la preuve que les sexes féminins pouvaient avoir des envies et la communiquer aux fruits qu'elles portaient. D'ailleurs, le rapport est trop bien circonstancié dans ses appréciations et dans les signatures respectables qui sont certifiées véritables, pour avoir le moindre doute sur le fait énoncé. Recevez, cher collègue, nos remercîments les plus vifs pour votre nouvelle découverte qui va causer une perturbation dans le monde savant. Nous avons déposé votre rapport dans nos archives pour que la postérité puisse s'en convaincre, si elle émettait un doute à cet égard. Nous vous saluons avec toute cordialité la plus fraternelle. »

On sut plus tard comment la mystification s'était opérée. Le jour qu'*Audinos* demandait à sa femme si les œufs d'oie étaient éclos, il passait dans le même moment un célèbre physicien qui entendit faire la demande. Désirant jouer un tour de son métier, il envoya la nuit enlever les œufs. Une lapine portante lui fut procurée, elle en portait cinq, le même nombre que les œufs. Après les avoir vidés, il remplaça les oisons par les lapins, puis ayant collé les coquilles d'une manière à tromper l'œil le plus exercé, il les fit reporter dans la même nuit dans le nid des oies. Comme il était venu passer quelques jours à Brigue, il assista au dénoûment de cette plaisanterie, qui, dans le fond, était très-bonne pour mystifier le savant curé. *Audinos* et le curé ne surent jamais le mot de l'énigme. Il y a seulement quelques années, le curé faisait voir, dans un bocal rempli d'esprit-de-vin, les trois lapins ainsi que les deux œufs non ouverts, qu'il n'avait garde de casser, pour témoigner de la vérité du fait. Quant à Françoise, elle n'eut jamais d'envie, son mari ne lui en ayant pas donné le moyen, même avant de mourir. Aujourd'hui, tout le monde connaît l'exercice, mais peu savent lire et écrire. *Audinos* avait atteint le but assigné par le curé. L'homme savant, c'était celui de l'ignorance !...

LES VOIX MYSTÉRIEUSES

Viège est une des plus anciennes ville du Valais. Avant les Romains, elle était la capitale des Vitupériens, petite peuplade partant de l'Ouèsche et tout le haut Valais qui à cette époque n'avait aucun village. A l'époque des Romains, elle fit construire un mur avec des tours, touchant le Rhône et la montagne, ne laissant qu'un étroit passage entre un rocher et le Rhône. Ces fortifications existent encore. La ville est peu peuplée, quoiqu'elle possède deux églises, une pour les nobles et une pour les pauvres. C'est un chef-lieu de dizaine, préfecture et tribunal. En l'année 1857, deux individus de Viège travaillaient aux champs, lorsque vers l'heure de midi, en prenant leur repas, ils crurent entendre des voix souterraines et mystérieuses. Étonnés, ils regardèrent de tous côtés pour voir et savoir qui pouvait leur parler. Après un examen attentif dans la campagne, ils ne virent personne, ils étaient dans un profond étonnement et ne savaient à quoi attribuer d'où provenaient les voix; lorsque tout à coup la terre oscilla sous leurs pieds, une voix mâle retentit à leurs oreilles en leur disant : Viège, repens-toi ou tu disparaîtras de la surface de la terre !

Éperdus d'épouvante d'entendre cette voix menaçante, ils quittèrent leurs travaux, se sauvant le plus vite possible pour rentrer à Viège. Ils firent part à tout le monde de ce qu'ils avaient entendu, mais personne ne voulut ajouter foi à leur récit, on les traita même de fous, de visionnaires, l'on se moqua d'eux et de la voix souterraine; pour eux, convaincus que cela était un avertissement du ciel, ils se rendirent à leur église pour implorer la miséricorde de Dieu pour qu'il eût à préserver la ville d'un malheur, et ramener les égarés dans la voie du salut.

Le discours rapporté par les deux hommes fut aussi révélé au curé qui se rendit immédiatement près d'eux pour avoir une explication nette et précise. Après avoir entendu raconter le fait des voix et du tremblement de terre partiel, le curé ne voulut croire à rien, les traitant d'imposteurs et que Dieu les punirait pour un pareil mensonge :

— Ah ! plût à Dieu que ce soit un mensonge, mais un grand malheur menace Viège, la voix nous l'a dit.

— Taisez-vous, profanateurs ! La voix de Dieu ne se fait point entendre à des paysans, mais bien à moi, son ministre, reprit le prêtre orgueilleux. Il n'avait pas fini de formuler son doute qu'une secousse terrible de la terre vint lui affirmer qu'on lui avait dit la vérité. L'église des nobles s'écroulait et tombait en poussière ! Une dizaine de maisons tombèrent sur la voie publique. La panique fut générale, chacun quittait son domicile pour se réfugier au dehors en poussant des cris de désespoir. Les deux témoins de la voix mystérieuse ne reçurent aucun dommage, malgré que Viège eût à subir encore une dizaine de secousses réitérées dans l'espace de deux mois. Leur foi en Dieu les avait épargnés de la punition infligée aux incrédules.

LE DOIGT DE DIEU

Dans un petit village nommé Muratt, près Monthey, il y a une quinzaine d'années, une jolie paysanne nommée Claudine acceptait pour époux un homme déjà âgé, riche et idiot.

La spéculation avait fait ce malheureux mariage. Pour certaines personnes la vie matérielle suffit; quand on possède le pain et le logement, il importe peu pour le reste, comme si la jeunesse en travaillant ne pourrait pas acquérir l'aisance, étant encouragée par une amitié réciproque. Il doit nous sembler qu'un fardeau est moins lourd quand on le porte à deux.

Mais ce raisonnement n'entre pas pour beaucoup de personnes dans leur esprit. Aussi, en résulte-t-il de nombreux mariages mal assortis. De là des haines, des colères, des pleurs et l'adultère qui s'ensuit.

Claudine avait senti qu'elle avait fait une sottise en s'alliant à son riche idiot. Après avoir subi ce que nous venons d'exprimer, elle tomba dans l'adultère.

Un voisin était en relations intimes avec elle. Des promesses de mariage furent faites, elles devaient s'accomplir aussitôt que le vieux Jacques serait mort. Quel bonheur! Jacques était malade. Aussitôt décampé de ce monde, combien l'on serait heureux! les voisins n'auraient plus l'occasion de s'occuper de leur conduite; aussitôt le veuvage fini, on convolerait à un second mariage. Nous nous unirons, n'est-ce pas, Joseph? Oui, ma Claudine; tu sais que je t'aime, et mon seul bonheur sera de te rendre heureuse. Ah! s'il pouvait mourir!

Leurs vœux furent exaucés : dans la même semaine, Jacques l'idiot expirait!...

Les deux amants étaient au comble de la joie, leurs désirs s'étaient réalisés. Mille projets d'avenir étaient formés pour leur bonheur futur.

Cinq jours après les funérailles de son mari, Claudine tombait malade. Assurément ce n'était pas de chagrin. Le troisième jour de sa maladie, elle quittait à son tour le monde pour la terre.

Alors cette fois ce furent des pleurs et des regrets sincères de la part de son amant. Quitter la vie si jeune quand des jours de bonheur leur étaient réservés et assurés! Le chagrin l'assaillit, aussi Joseph ne pouvait se consoler d'une perte pareille, toutes ses affections étaient disparues, il ne voyait que vide autour de lui. Ne pouvant surmonter cette infortune de la vie, il tomba malade aussi, pour mourir huit jours après Claudine et quinze jours après son mari.

Celui qui veut du mal à son prochain, mal lui arrive. Ce proverbe se trouva réalisé en eux.

LE SEIGNEUR DE SAILLON

En 1410, toute la plaine de Martigny à Riddes n'était qu'un vaste marais et le seul chemin praticable pour se rendre à Sion était celui qui passait par Fully, pour déboucher au village de Saint-Pierre. La route longeait le Rhône à droite en montant, et les montagnes à gauche, sans éviter les accidents, les sinuosités du chemin par des montées et des descentes.

A l'endroit où est situé le château de Saillon, il n'y avait qu'un étroit passage longeant le rocher, le Rhône et des marais; aussi le seigneur s'était-il empressé d'y établir un droit de passage. Les chevaux et les bœufs payaient un batz par tête (15 centimes), les chèvres, les porcs, les moutons un demi-batz par douzaine, les conducteurs de bestiaux passaient gratuitement, le piéton payait un demi-batz, un cavalier deux batz (soit 30 centimes).

Quoique peu de voyageurs passassent dans ce temps par ce chemin, il n'en était pas moins un revenu assez lucratif. Le seigneur de Saillon relevait du comté du Chablais, il lui devait selon une charte pour redevances vingt cartanées de seigle, quatre arbalestriers, six piquiers, en outre foi et hommage. Il avait épousé la fille du comte de Gruyère, il n'en eut point d'enfants, il était d'un caractère brutal, et quiconque se présentait devant lui n'en recevait qu'un accueil glacé.

49

Le Lac.

Le plaisir de la table et celui de la chasse étaient ses seuls plaisirs. La châtelaine sa femme était de vingt années plus jeune que son mari ; elle venait d'atteindre ses vingt-deux printemps, elle avait été unie avec lui par arrangement de son père qui était ami de son mari, elle fut ainsi sacrifiée par l'ambition.

Douée d'un caractère sensible et bon, elle souffrait de voir la brutalité de son mari, se fâchant à tout propos sans en avoir un motif plausible.

Ses vassaux étaient malheureux, mais par la bonté de leur châtelaine, ils souffraient leurs maux en patience ; elle allégeait tant qu'elle le pouvait leurs servitudes, elle les plaignait même. Aussi quand son mari apprenait que l'on avait enfreint ses ordres sur ses corvées, il devenait furieux. La châtelaine préférait d'affronter sa colère plutôt que la malédiction de ses vassaux.

Un jour il se présenta au manoir un jeune chevalier équipé richement, d'une belle tournure, ayant des manières polies, un beau brun avec chevelure longue et bouclée, une belle taille, une démarche aisée et vingt ans. Il se présentait sur la recommandation du comte de Romont ; il venait passer quelques mois à Saillon pour raison de persécution qui était exercée envers sa personne. Le comte mandait qu'on le reçût comme son propre fils, qu'il lui en serait reconnaissant, mais en tout cas, il le priait d'être discret sur sa présence au castel, ne voulant pas que l'on sût où il s'était réfugié, qu'il lui en expliquerait les motifs à la première entrevue qu'ils auraient ensemble.

— Bien, messire chevalier, dit le seigneur de Saillon, je suis fort aise que le comte ait pensé à moi, ceci me prouve son amitié et sa confiance, veuillez croire qu'elle ne sera pas trahie. Voulez-vous, reprit-il, présenter vos hommages à Yolande, ma femme, ou si vous le préférez, vous reposer ?

— Du tout, seigneur. Du moment que vous me faites l'honneur insigne de saluer Mme la baronne de Saillon, je préfère profiter de cet honneur.

— Bien, chevalier. Je vois que vous êtes galant auprès des dames.

Eh bien ! qu'il soit fait selon votre désir. Elle est dans la chambre de justice où elle fait de la tapisserie pour mon siège.

Le baron lui prit la main et le présenta en disant :

— Madame ma femme, je vous présente le neveu de mon premier

ami, le comte de Romont. Il vient passer quelques mois avec nous, nous profiterons de sa bonne compagnie avec le plus grand plaisir.

— Que monsieur le chevalier soit le bienvenu ici dans notre castel, et du moment que monseigneur et maître me dit que vous venez de la part d'un sien ami, c'est la meilleure recommandation. Croyez, messire chevalier, que nous nous empresserons de vous rendre ce séjour le moins triste possible, et comme l'observe le seigneur mon mari, votre société nous sera des plus agréables. Puissiez-vous de votre côté ne pas vous y ennuyer!

— Madame, répondit le chevalier, il faudrait être misanthrope pour ne pas se plaire ici dans ce castel, vous qui en êtes l'ornement.

Après les salutations, le seigneur de Saillon le conduisit dehors pour lui faire admirer la force de son castel.

— Voyez, il pourrait se défendre contre mille archers.

Voyez l'épaisseur des murs du castel et la solidité des murs d'enceinte. Regardez, il est inaccessible du côté du Rhône. Bâti sur le roc, un fossé naturel de l'autre côté le rend inexpugnable.

Voyez, j'ai fait construire des tours dans le mur d'enceinte, elles se trouvent très-rapprochées, à petite portée d'arbalète.

Oh! mon castel est fort, reprit-il, je ne craindrais même pas une surprise, il y a des souterrains connus de moi seul.

Le chevalier Aloïs avait vingt ans et Yolande vingt-deux, l'âge était sympathique. Aussi se plaisaient-ils ensemble à deviser, à lire quelques ouvrages de chevalerie ou à la promenade dans l'enceinte des remparts.

Il y avait un mois que le chevalier était à Saillon lorsque le baron reçut un message de la part du comte de Romont qui le prévenait de se rencontrer à la seigneurie d'Aigle dans deux jours, que lui baron y serait le jour et à l'heure indiquée.

Le baron fit part au chevalier de ce message en le prévenant qu'il aurait l'honneur de parler au comte le lendemain, au lieu du rendez-vous.

— Seigneur, lui répondit Aloïs, veuillez donc lui donner bonne accolade pour moi, que ne puis-je le faire moi-même! vous lui ferez part de tous les respects et de l'amitié que je ressens pour lui.

— Soyez certain, chevalier, que votre désir sera rempli avec la plus grande satisfaction.

Le lendemain matin le baron quittait son castel sur son coursier, non sans avoir baisé la main d'Yolande et embrassé le chevalier.

Le même soir, dans la nuit, il y rentrait remettant au lendemain pour donner des détails sur ce qui concernait Aloïs.

Le matin, aussitôt qu'il vit Aloïs, il accourut vers lui, et le prenant par le bras, il l'invita à faire le tour des remparts pour lui faire part de l'entretien qu'il avait eu avec le comte, concernant lui, son fils.

— Chevalier, lui dit-il, lors de votre venue ici, j'avais un doute. Aujourd'hui, il n'existe plus. Le comte, mon ami, a reçu votre accolade. En père, je ne puis vous le céler, étant chargé de vous en instruire.

Votre mère était une vassale de basse lignée, elle est morte depuis dix ans, ses chagrins ont abrégé sa vie. Après sa mort, vous fûtes relégué chez le seigneur du Chatelard, pour vous mettre à l'abri de la vengeance des parents de votre père.

— Mais, reprit le chevalier, que leur avais-je fait?

— Attendez, chevalier, laissez-moi dire, après vous me questionnerez.

— Le comte, mon ami, vous faisait élever et soigner comme étant son propre fils, car n'ayant point d'héritiers de son premier mariage, il voulait vous reconnaitre pour son successeur dans ses biens comme dans ses titres. La famille, ayant eu connaissance de ses dispositions, avait juré votre mort. Il fallait donc de toute nécessité vous soustraire à leur fureur.

Il y a six mois, lorsque vous fîtes apparition à Romont, chez le comte mon ami, vous fûtes reconnu : depuis dix ans l'on vous croyait mort. Tel était le bruit que votre père avait répandu à bonne intention. Il m'a assuré qu'aussitôt votre majorité venue, il vous reconnaîtrait pour son fils légitime et son héritier; qu'il prenait ses mesures en conséquence pour que votre naissance et vos droits ne fussent point contestés après sa mort; il veut vous reconnaître de son vivant pour vous prêter secours au besoin.

A présent, chevalier, je vous écoute, qu'avez-vous à me dire?

— Je ne puis que bénir mon père qui me donne un grand nom, ainsi que vous, seigneur généreux, qui avez défendu mes intérêts, tout en veillant sur mes jours en me donnant un asile hospitalier. Recevez-en ma plus vive reconnaissance.

On rentra auprès d'Yolande pour l'instruire de ce qui s'était dit concernant Aloïs.

— Oh! dit la châtelaine, il a bon cœur pour ses égaux, il voudrait leur rendre service dans toutes les occasions, mais ce sont ces pauvres vassaux qu'il maltraite sans pitié. Je dois vous le dire, chevalier, cela me fait beaucoup de peine et cela est souvent le sujet de nos disputes.

Le baron sortit et rentrait une demi-heure après rouge de colère.

— Mais, qu'avez-vous, mon seigneur, vous êtes rouge comme écarlate?

— J'ai, répondit le baron, que je viens de bâtonner un manant. Oh! je leur apprendrai à ne point me saluer, quoique éloigné d'eux, ma vue doit leur suffire.

— Mais, dit Yolande, s'il ne vous avait pas vu!

— Peu m'importe!

— Ceci, repartit Yolande, est par trop cruel, vous persécutez des innocents.

— Qu'est-ce à dire, madame? reprit-il très-courroucé, je ne demande pas votre approbation, je ne l'ai jamais obtenue, mais peu m'importe. Ces vilains sont à moi, je suis leur maître, et comme tel, je puis les corriger si cela entre dans ma volonté.

Puis, s'adressant au chevalier : — Je vais descendre prendre le frais vers mon péager, viendrez-vous me rejoindre pour remonter ensemble?

— Oui, seigneur, je serai près de vous dans une demi-heure.

Aussitôt qu'il fut sorti, Yolande dit à Aloïs :

— Eh bien, chevalier, vous avez entendu comme il m'a répondu avec brutalité, et aussi comment il traite ses pauvres vassaux.

— Madame, je ne puis que les plaindre, et me taire à votre égard. Quoique je sois loin de partager la manière d'agir de votre époux, je ne serai jamais homme à imiter de pareils actes.

Puis il reprit :

— Pardon, madame, j'ai promis au baron que j'irai le rejoindre, voici le moment arrivé.

Aloïs n'avait pas descendu le perron que le péager se présentait tout essoufflé, il tomba même sans avoir prononcé un mot. Le chevalier lui fit respirer le contenu d'un flacon qu'il avait sur lui; aussitôt qu'il fut revenu à lui, sa première parole fut : – Ah! mon Dieu! mon doux Jésus! Courez vite en bas, notre bon seigneur est occis. — Comment? que dites-vous là? qu'est-il arrivé? — Je vous dis qu'il doit être mort assassiné par des Italiens. — N'entrez pas au castel, vous feriez mourir votre châtelaine. Attendez ici ; non, suivez-moi, je vole à son secours s'il en est temps encore.

En effet, le chevalier courut de toutes ses forces au lieu indiqué, il n'y vit personne, lorsqu'une trace de sang conduisant à un fossé lui fit comprendre que là devait se trouver la victime. Le péager arrivait avec quatre manants, et en effet l'on trouva le cadavre du baron dans un fossé qui, par crainte qu'il revînt de ses blessures, y avait été traîné pour le noyer s'il n'était pas mort. On le déshabilla, et l'on reconnut qu'il avait reçu huit coups de poignard dans toutes les parties de son corps. Aloïs tirant à part le péager voulut connaître la cause de ce malheur.

Le péager raconta qu'une bande de huit Italiens s'étaient refusés au péage en alléguant que Monseigneur l'évêque de Sion les faisait venir pour bâtir sa cathédrale et qu'il leur avait été promis de ne rien payer sur la route, que le droit de passage regardait l'évêque.

— Le seigneur, mon maître, arrivait au moment de la discussion : il prétendit et exigea qu'ils payassent, n'ayant rien à faire avec l'évêque et sa cathédrale. Celui qui conduisait les sept autres osa lui tenir tête. Outré d'une pareille audace, Monseigneur lui asséna un coup de bâton en pleine face. Aussitôt il parla en italien et tout aussitôt ils fondirent sur lui à grands coups de poignard, et, l'ayant terrassé, ils le traînèrent dans le fossé d'où nous l'avons tiré.

— Mais pourquoi, dit Aloïs, ne pas avoir appelé à l'aide ?

— Seigneur chevalier, un de ces mécréants tenait son poignard levé sur ma poitrine, et au moindre mot c'en était fait de moi, et quand on est père de famille, on tient à la vie pour soi et les siens.

— Et les bandits, quel chemin ont-ils suivi? — Seigneur chevalier, ils doivent être à présent à Martigny. — Comment prévenir dame Yolande de ce funeste événement? pensait Aloïs. Triste commission à faire, cependant il faut qu'elle le sache à l'instant même, pour donner ses ordres, il faut courir sus aux assassins. — Aloïs se présenta à Yolande d'un air si piteux, si douloureux qu'elle fut forcée de lui demander ce qu'il avait, ce qui lui était survenu. — Chevalier, votre promenade ne vous a pas donné de la gatieé. Vous serait-il arrivé noise avec mon époux? — Plût à Dieu, madame, qu'il en fût ainsi; ce qui m'est arrivé est beaucoup plus grave.

— Mon Dieu, chevalier, vous me faites peur; dites-moi à l'instant ce qu'il y a?

— Madame, je voudrais être le seul que cela ait atteint, mais il y aura encore une autre personne qui sera dans une profonde affliction.

— Chevalier, vous me faites mourir d'angoisses; serait-il arrivé malheur au baron ?

— Madame, vous l'avez dit. — Allons, chevalier, tirez-moi d'incertitude. Je suis femme assez forte pour tout entendre, même le plus grand malheur qui puisse m'arriver. Ainsi, veuillez vous expliquer? Je vous l'ordonne même.

— Madame, je remercie Dieu de vous trouver forte. Eh bien! sachez que le seigneur de Saillon, votre mari, vient d'être occis près du péage par une bande de bandits italiens. — Pour Dieu! soutenez-moi, je me sens mourir, dit Yolande en s'évanouissant. — Aloïs fit venir ses femmes pour lui donner les soins que réclamait sa position, puis il fit transporter le corps au castel. Le lendemain on lui rendit les honneurs funèbres dus à son rang, puis il fut déposé dans le caveau de ses ancêtres. — Quelques jours après Aloïs alla prendre congé d'Yolande. Il devait partir pour voyager en Italie. Les adieux furent tristes, des pleurs répandus des deux côtés, mais n'ayant pas la même cause du côté d'Aloïs. Il aimait Yolande en silence, et peut-être qu'elle s'était trompée sur ses larmes.

Deux années venaient de s'écouler, quand un soir un beau et jeune chevalier, monté sur un coursier noir, se présentait au castel de Saillon demandant l'hospitalité à sa belle châtelaine.

Hâtons-nous de dire qu'il fut le bienvenu. Yolande venait de reconnaître Aloïs. Le comte de Romont venait aussi de le reconnaître pour son fils et apte à lui succéder dans ses droits et honneurs, il se rendait à Romont avec assurance de toute sécurité. Mais ne voulant pas manquer à ses devoirs envers sa châtelaine, c'est pourquoi il lui offrait ses hommages et ses respects pour la bienveillance qu'elle lui avait marquée. Trois mois après cette entrevue, il devenait l'heureux époux d'Yolande. Une année après leur mariage le feu prit au castel de Saillon pour ne laisser que les ruines que l'on voit encore aujourd'hui. Yolande et Aloïs allèrent habiter Romont. Tous les vassaux versèrent des larmes de regrets. Il n'en avait pas été ainsi à la mort de son mari le baron, ils étaient tous contents d'être débarrassés d'un pareil tyran.

LE PHYSICIEN

La vallée de Conches est peu fréquentée, à l'exception que dans la belle saison quelques touristes s'y rendent pour voir la source du Rhône, et quelques ouvriers italiens y passent aussi pour se rendre dans le Tessin et en Suisse.

Minster est le chef-lieu du Dixain. — Il y a quelques années, des Italiens venant de France se disposaient à passer La Furka pour entrer dans leur patrie. Ils étaient six, cinq maçons et un physicien. Leurs bourses étaient légères, la saison n'ayant pas été avantageuse, comment faire des cadeaux à leurs maîtresses ou apporter le bien-être à la famille? on pouvait les accuser d'inconduite, cela ne serait pas agréable pour eux. Ils étaient dans cette disposition d'esprit, quand l'un d'eux proposa au physicien de donner une soirée amusante à Minster. — Oui, reprit un autre, une bonne soirée, voici ce que nous devrions faire. Il est nuit, nous allons tourner Minster sans que personne nous voie, nous déposerons nos sacs dans le bois, puis nous descendrons comme si nous venions du Tessin pour nous rendre en France, du moins nous le dirons. Demain nous donnerons une soirée amusante; qu'en pensez-vous les amis? — Béné! béné! répondirent les autres, applaudissant au projet proposé.

— Pour moi, dit le physicien, je veux leur jouer un tour de mon métier, dont vous ne vous doutez guère; je vous le dirai demain soir. — Les six chenapans allèrent en effet déposer leurs sacs dans le bois, puis ils descendirent à Minster pour y demander à loger. Ils dirent à l'aubergiste qu'ils venaient du Tessin pour se rendre à Paris, où on les attendait pour donner des soirées de physique. — Croyez-vous, dit l'un d'eux, que si l'on donnait une représentation ici que l'on y ferait ses frais? — Ses frais, répondit l'aubergiste, je le crois bien, vous y gagnerez même de l'argent, car nous ne voyons jamais de physicien, et tout le monde s'y rendra en foule.

Le lendemain, une grande affiche écrite à la main était apposée sur les murs de Minster, on y lisait :

Le supplice de Guilleren.

« Le sieur Ladrone avec sa troupe, se rendant à Paris, aurait cru
« manquer aux habitants de cette ville s'il ne s'y était arrêté pour leur
« faire connaître son talent comme physicien-prestidigitateur. Il aura ce
« soir l'honneur de donner une soirée amusante dans l'hôtel. Voulant
« que tous les habitants profitent de cet avantage, le prix des places
« est fixé à vingt centimes les premières et dix centimes les secondes.

« *N. B.* — Le sieur Ladrone opérera la transmutation des métaux : une
« montre en argent sera rendue en or, une pièce du même métal sera
« transformée aussi en or ; ceci ne coûtera rien que le plaisir d'obliger
« les spectateurs. L'ouverture du bureau se fera à six heures précises. »

A quatre heures, un tambour et un fifre parcouraient le village, en
s'arrêtant à chaque place, où le physicien Ladrone annonçait au public
le contenu de l'affiche que nous avons reproduite.

A l'heure fixée on se battait, on se bousculait pour entrer. La salle
fut pleine bien avant de commencer.

La toile se leva et le sieur Ladrone commença par ses tours de gobe-
lets ; puis les muscades, les tours de cartes, l'omelette dans le chapeau.
Mais ce qui étonna le plus les Conchards, c'est quand il sortit d'un chapeau de l'un des spectateurs, un lapin, une perruque, des bruyants, des
sifflets et des mirlitons : ce furent des cris, des trépignements de joie. Ils
étaient extasiés, confondus d'un pareil talent.

— Eh bien, messieurs, dit Ladrone, je veux maintenir mon programme ;
les personnes qui ont des montres, des écus peuvent me les remettre en
toute confiance, je les transformerai selon mon annonce.

Ladrone n'avait pas fini son annonce que chacun à l'envi lui passait
l'un sa montre et l'autre des écus. Quand il en eut une provision il alla
les déposer dans un cabinet attenant à la salle où se trouvaient ses com-
pères, qui attendaient avec impatience le dénoûment.

— Messieurs, reprit Ladrone, mes gens vont préparer les ingrédients ;
pendant ce temps je vais continuer la séance. De cette manière, il entre-
tint les spectateurs pour donner le temps à ses complices de s'éloigner.
Ils emportèrent montres et écus, ayant sorti par une fenêtre donnant sur
la route. Quand il jugea qu'ils étaient suffisamment éloignés, il prit la
parole en ces termes :

— Messieurs, je veux vous faire de l'or ; mais ce ne serait pas raison-
nable de vous faire connaître mon secret ; permettez que je me retire
dans ce cabinet pour y opérer. Puis, s'adressant au fifre : — Fifre, jouez
quelques airs choisis pour égayer la société. Puis il entra dans le cabinet, ayant soin d'en fermer la porte crainte d'indiscrétion de la part
d'un curieux inopportun. Le fifre jouait depuis une demi-heure sans que
Ladrone reparût. Le public, impatienté, commençait à murmurer d'une
pareille lenteur dans l'opération promise, lorsqu'un spectateur s'avisa
d'aller ouvrir la porte du cabinet, une obscurité complète y régnait ; il
appela, mais personne ne répondit ; il alla prendre de la lumière sur la

table, puis il rentra dans le cabinet : ni Ladrone, ni sa troupe; les montres et les écus les avaient suivis.

Il annonça aux spectateurs le tour qu'on leur avait joué. Ce furent alors des cris de fureur de la part des dupés, et des rires fous de la part de ceux qui n'avaient rien risqué.

Vingt garçons coururent avec des bâtons pour les assommer. Ils coururent inutilement pendant deux heures sur le chemin de la plaine. Ladrone et ses associés avaient pris celui de la montagne. Le matin les gens de Minster surent par un individu d'Ubriquen qu'on les avait vus gravir la Furka; ainsi il était trop tard pour les atteindre. Quelque temps après un physicien se présentait pour pouvoir donner une soirée, ignorant ce qui s'était passé. Il fut assommé par représailles des tours de son collègue Ladrone. Aujourd'hui Minster est la terreur des physiciens.

AVENTURES D'UN VOITURIER DE SAINT-MAURICE

Je venais de soigner mon cheval qui avait déjà fait douze lieues ce jour-là, je me mis sur le seuil de ma porte avant de rentrer chez moi. Le soleil venait de se coucher, lorsque je vis venir à moi un grand jeune homme très-bien mis, il avait les cheveux d'un rouge foncé et les dents extrêmement longues; je pensai en moi-même : Tiens, c'est un Anglais, qu'est-ce qu'il me veut? J'en étais à cette réflexion quand il m'aborda :

— Vous êtes voiturier? me dit-il. — Oui, monsieur, lui répondis-je, pour vous servir. — Allez atteler. — Mais, monsieur, mon cheval est fatigué, et s'il faut faire une longue course, je ne pourrais pas la faire. — Allez atteler; c'est pour une promenade sur la route de Sion. — Du moment que c'était pour une promenade, vu la nuit qui venait, je pensai que cet original voulait prendre le frais jusqu'à la Sallanches (ou cascade de Pisse-Vache). Comme l'on ne gagne jamais trop d'argent, j'allai atteler.

Aussitôt le voyageur monté en voiture, mon cheval se mit à piaffer. Je ne fus pas plutôt sur mon siége qu'il partit à fond de train. Le bois noir fut franchi au grand trot; je ne lui avais jamais vu une pareille allure, j'en étais tout étonné. — Quand nous fûmes arrivés à la cascade je dis : Monsieur, voici Pisse-Vache; faut-il arrêter? — Marche! me répondit-il. Je pensai qu'il se rendait à Martigny. Je continuai ma route; la nuit était sombre et obscure. En arrivant sur le pont de la Batiaz, je me disais : Je suis arrivé. En passant devant l'hôtel de la Grande Maison, où j'avais l'habitude de m'arrêter, je lui demandai à quel hôtel il voulait descendre? — Marche! me dit-il. — Il me parut qu'il voulait descendre à l'hôtel de la Tour. Je tirai la rêne pour entrer dans la cour de cet hôtel, mon cheval ne voulut point obéir, au contraire il prit le grand trot sur la route de Riddes.

— Mais, monsieur, lui dis-je, où diable voulez-vous donc que je vous conduise? vous m'avez demandé pour une promenade, mon cheval est fatigué et l'on ne voit plus ni ciel ni terre? — Marche! Je vais faire de la lumière. Aussitôt qu'il eut prononcé ces mots, mon cheval redoubla de vitesse et une vive lumière éclaira mon cabriolet et la route. Je regardai d'où elle pouvait provenir; mes cheveux s'en dressent encore d'épouvante. C'étaient ses cheveux rouges qui avaient pris la teinte verte du ver-luisant et qui éclairaient de la même lumière verdâtre. J'eus une peur indicible; je n'osai point l'interroger, croyant que c'était une affaire de physique. — Nous passâmes Riddes, cependant je voulais m'y arrêter et laisser là mon terrible voyageur : — Marche! me dit-il encore. Nous avions à peine franchi la dernière maison du village que la lumière infernale s'éteignit; il y succéda les ténèbres. Mon cheval, allant à fond de train à la descente, je me vis perdu, car le pont du Rhône n'était pas achevé, mon cheval prendrait de côté et pour certain nous allions être noyés.

Cinq minutes après je sentis que nous avions quitté la route, les roues ne rendaient plus le son de la voie ferrée.

— Monsieur, lui dis-je, nous sommes égarés. — Marche! et peu t'importe, me répondit-il. — Je n'avais pas fini d'entendre sa réponse que des cris de chouettes et de hiboux se firent entendre dans un concert qu'ils donnaient, c'était un bruit infernal. Cinq minutes après j'entendis les rugissements des lions et les cris de toutes les bêtes fauves à la fois, c'était un vacarme épouvantable, une sueur froide ruisselait sur mon front. Lorsque ces cris cessèrent tout aussitôt j'entendis des cris poussés par des voix humaines; j'étais haletant, ma langue était sèche, et mon cheval continuait sa course en galopant, lorsque j'entendis distinctement les voix disant : Il arrive, le damné! réjouissez-vous, voici Satan et Astaroth. A ces paroles, je tombai sans connaissance; que s'est-il passé? je l'ignore. Le froid, paraît-il, m'avait ranimé; car je revins à moi et repris mon sentiment et je me retrouvai dans ma voiture seul. Je ne savais à quelle réflexion me livrer quand j'entendis sonner minuit à l'église de Saint-Sigismond; j'étais devant ma remise. Je descendis de ma voiture, puis la première chose fut de m'assurer en quel état se trouvait mon cheval; quelle fut ma surprise ! son poil était frais et sec. Le lendemain je voulus raconter ce qui m'était arrivé, on se mettait à me rire au nez; cependant rien n'est plus vrai que cette histoire.

UNE EXÉCUTION AU BOUVERET

En 1335 il n'y avait qu'une maison au Bouveret, qui se nommait Bovery, du nom de son propriétaire; plus tard des particuliers y bâtirent d'autres maisons et l'on nomma ce hameau Boveret, puis Bouveret.

Chaque village, dans son temps, devait avoir au moins un tyran ou seigneur. Un de ces derniers ayant trouvé une place des plus convenables sur un monticule d'où l'on jouit d'un panorama magnifique sur les montagnes du pays de Vaud, sur les villages et la presque étendue du lac Léman, de l'autre côté sur la plaine du bas Valais et le parcours du Rhône; le lieu choisi, il ne s'agissait plus que d'y bâtir. Un chevalier, allié à l'évêque de Sion d'alors, y fit construire une tour et s'intitula de son chef baron de la Tour, avec le droit de tenir lit de justice avec haute, moyenne et basse justice, et pour donner l'idée de son pouvoir et de ses titres il y fit construire une fourche patibulaire, dont le piédestal se voit encore sur les confins de la commune de Saint-Gingolp.

Le hameau étant faible en habitants, aucun cas ne s'était encore présenté, soit de rébellion contre les exactions, soit un crime à punir. Le baron était mécontent de ne point trouver à juger quelqu'un, car dix ans après la construction de la potence elle était encore vierge à son grand déplaisir. Un nommé Guilleren, venant du pays de Schwitz, vint, pour son malheur, se fixer au Bouveret, exerçant le métier de journalier et pêcheur. Il avait apporté de son pays des idées qui n'étaient pas en harmonie avec celles du baron de la Tour. Il disait à ceux qui voulaient l'entendre, qu'ils étaient des idiots de ramper sous un homme comme eux; de quel droit était-il leur maître? Que dans son pays on les avait chassés comme des chiens, pourquoi l'on n'en faisait pas de même en Valais? Il paraît que ces propos belliqueux et subversifs furent rapportés au baron, qui en rugit de colère. Le baron avait défendu à tout vilain de chasser sur ses terres, sous peine de rébellion et correction corporelle. Guilleren, qui croyait que le gibier devait appartenir à celui qui peut se le procurer, tendit des traquenards, malgré sa défense; il s'y prit deux lièvres, qu'il mangea avec ses amis. Le baron, étant allé à la chasse, vit les casse-cou. Furieux de cette infraction, il descendit au village afin de connaître le délinquant.

La manière terrible qu'il mit à questionner ses manants les fit trembler de crainte; comme Guilleren était étranger et coupable, ce fut à qui l'accuserait pour se décharger de toute responsabilité pour un pareil méfait. A cette déclaration le baron fut calmé, toute sa haine, sa colère se porta sur Guilleren, le révolutionnaire.

Aussitôt il commanda à quatre hommes d'aller l'appréhender au corps et de le conduire à la tour, de le garrotter, parce qu'un pareil criminel ne méritait ni égard ni pitié. Les quatre hommes semblaient indécis pour obéir, lorsque le baron mit flamberge au vent, en leur disant que s'ils n'exécutaient pas ses ordres à l'instant, il allait leur couper les oreilles. De la menace à l'exécution il n'y avait pas à hésiter, le baron eût réalisé sa menace. Ils se rendirent tous quatre armés de hallebardes chez Guilleren, où ils opérèrent son arrestation pour le conduire à la tour. Le baron rayonnait de joie d'avoir une victime à immoler, il allait donc, pour la première fois depuis quinze ans, s'asseoir sur son lit de justice. Ses droits seraient donc enfin une affirmation. La potence fera voir son autorité à tout le monde, d'ailleurs un exemple était nécessaire pour arrêter la langue des rêveurs de liberté. A-t-on jamais vu, disait le baron, que des manants osent censurer les actes de leur seigneur, contrevenir même à ses idées et ses décrets! Ah! je vais les mettre à la raison par l'exemple de ce mécréant; nous verrons après s'ils osent parler sans mes ordres. Un mois après le sénéchal de Monthey, le gouverneur, l'huissier et plusieurs seigneurs étaient venus pour assister au jugement qui devait avoir lieu le même jour. Le réquisitoire du baron accusait Guilleren d'avoir manifesté à plusieurs reprises du mépris pour la religion en ne se rendant point aux offices les jours consacrés par le culte; que, secondement, il avait tenu des propos irrespectueux contre les seigneurs et leurs droits seigneuriaux cherchant par ces motifs à égarer l'opinion publique pour arriver à une révolution qui dépouillerait de leurs droits lesdits seigneurs, — ces idées et ces faits étant d'un perturbateur, et comme tel digne du feu éternel; troisièmement, d'avoir contrevenu aux ordres du seigneur baron, en chassant sur ses terres et d'y avoir pris deux lièvres, que les témoins déposeraient de la vérité du fait ci-mentionné.

Le baron, s'étant assis sur son lit de justice, fit venir l'accusé pour avoir à répondre des faits dont il était inculpé. — Guilleren arrivé en présence de ses juges on lui lut le réquisitoire. — Accusé, lui demanda le sénéchal, qu'avez-vous à répondre pour vous disculper? — Rien, répondit Guilleren; seulement que, dans mon pays de Schwitz, on vous eût envoyé au diable avec vos lièvres et votre justice; dans mon pays les hommes sont devenus libres, à l'égal des seigneurs, qui se trouvent même heureux de l'être. Car vous n'ignorez point qu'en 1308, nous, gens de Schwitz, d'Uri et d'Interwald, qu'après la mort du tyran Gessler, occis par Guillaume Tell, nous avons battu et chassé les Autrichiens et mis à la raison nos tyrans, en brûlant ou démolissant leurs châteaux. Car les tyrans ont appris à leurs dépens ce que peut un peuple courageux quand il veut revendiquer ses droits à la liberté, liberté que doit avoir tout homme de parler et de chasser sans permission d'aucuns. J'ai dit, reprit Guilleren, vous pouvez me juger, je ne vous répondrai plus. Tous les auditeurs furent confondus d'une pareille audace de sentiments et le baron ne put s'empêcher de dire: —Quelles idées subversives et incendiaires! mais si nos manants étaient comme lui, ce serait fait de nous. — Seigneur baron, dit le sénéchal, heureusement pour nous que les Valaisans ne professent pas de pareilles idées à notre égard. Quoique leur masse soit dangereuse, le révérendissime clergé sait toujours les diviser, pour arrêter le mal dans sa racine, et tant que le clergé et la noblesse seront d'accord, les révolutions échoueront toujours.

Aujourd'hui, nous avons un coupable de cette catégorie à juger, il a même avoué avec audace que tels étaient ses sentiments; la tâche de la justice est facile, le seigneur baron peut prononcer telle sentence qu'il lui plaira contre le coupable, elle sera exécutée.

Le baron, à cette demande, prit la parole en ces termes:

— Hauts et puissants seigneurs, si le fait incriminé n'eût concerné que moi, malgré sa gravité contre mes droits, j'aurais usé de clémence envers le grand coupable.

Mais Guilleren émet par ses idées, soi-disant réformatrices et régénératrices, un cas de soulèvement général. Eh! que deviendrions-nous si un pareil cas venait à surgir? il est notoire et évident qu'il est venu sur nos terres ourdir une conspiration. Ce cas, je le demande, mes seigneurs, ne mérite-t-il point une sérieuse attention? Guilleren n'est-il pas coupable de félonie, d'avoir fait des menaces de mort et de ruine à toute la noblesse? Un pareil crime ne peut s'expier que par la mort du coupable.

Ainsi, moi, baron de la Tour, siégeant sur mon lit de justice, je conclus à la peine de mort. En conséquence, Guilleren sera dépouillé de ses vêtements et flagellé par le bourreau, puis il sera attaché à notre gibet et pendu jusqu'à ce que mort s'en suive; il sera en outre privé de sépulture, pour que son corps puisse servir de pâture aux oiseaux de proie.

Ainsi jugement lu à l'accusé, qui a déclaré n'y vouloir répondre.

Ont signé : le seigneur baron, le sénéchal et l'huissier.

Trois jours après ce jugement inique le bourreau du révérendissime évêque arrivait au Bouveret; quelques heures après la potence cessait d'être vierge. L'âme d'un martyr de la liberté montait au ciel!!!

Nota. — Un parent de ce baron de la Tour précipitait un jour l'évêque de Sion, son oncle, en bas des remparts de son château de Séon, près Sion. Ce crime fut impuni : il n'était pas aussi grave que les deux lièvres de Guilleren. Plus tard, au seizième siècle, les Bernois venaient en Valais apporter la réforme, il y eut opposition de la part du clergé et de la noblesse. Le baron d'alors, de la Tour, fut tué dans un combat, et son château détruit de fond en comble. Il n'y a plus de traces de son existence.

même pour le plus grand des pécheurs : pourvu qu'il y ait un repentir sincère, le crime le plus affreux en obtient le pardon.

— Mon père, répondit le chevalier, vos paroles sont consolantes pour un pécheur ordinaire, mais pour un pécheur criminel et endurci comme moi il n'y a point de miséricorde de Dieu à espérer; non, reprit-il, je suis un réprouvé, indigne d'entrer dans votre sainte maison.

Le Couvent de Géronde.

— Mon fils, répondit l'abbé, vous blasphémez Dieu même en émettant de pareilles paroles. Je vous l'ai dit, tout pécheur, quel qu'il soit, obtient son pardon par le repentir et la pénitence.

— Croyez-vous, mon père, qu'en vous faisant l'aveu de mes fautes les plus grandes j'en obtiendrai la rémission?

— Oui, si le repentir est sincère et que vous ne retombiez plus dans le péché. Je vous promets, au nom de Dieu, le pardon et la sérénité pour le reste des jours qui vous restent à vivre. Je dois vous prévenir, messire, que ce lieu n'est point convenable pour me faire l'aveu de vos fautes, aussitôt que vous le voudrez nous nous rendrons au tribunal de la pénitence, là je vous écouterai. Dieu vous inspirera le remords et à moi la charité.

— Mon père, reprit le chevalier, vos paroles coulent dans mon cœur comme si Dieu même me parlait; oui, l'onction de vos paroles a de l'efficacité, j'en sens toute la grâce dans mon être; oui, mon père, menez-moi au tribunal de la pénitence. Puis il reprit : — Peut-être ne pourrai-je vous dire tous les forfaits dont je me suis rendu coupable; néanmoins, je vais commencer ma confession.

— Mon fils, je suis heureux de vous trouver calme et en bonne résolution. Suivez-moi à l'église, c'est là que je vous entendrai. Puisse l'Esprit-Saint nous éclairer tous deux !

La confession du chevalier eut lieu, mais non entièrement: il n'avait point osé avouer son origine ni décliner son grade; ils rentrèrent environ une heure après dans la chambre qu'ils avaient quittée une heure avant de se rendre à l'église.

— Eh bien! dit le chevalier, vous attendiez-vous à recevoir un pareil criminel en confession? Oh! je vous l'ai dit, je tremble de ne pouvoir obtenir mon pardon.

— Rassurez-vous, reprit l'abbé, vous avez fait un grand pas dans l'opération de votre salut; la sincérité de vos regrets mitige beaucoup auprès de Dieu. Je vous encourage, mon fils, à y persévérer; je vous promets la rémission de vos fautes, aussi vrai que je vous en donnerai l'absolution en temps opportun.

— Ainsi, mon père, vous me promettez donc de me recevoir dans votre sainte maison pour me diriger dans la voie du salut ?

— Oui, mon fils, je vous accepte pour le temps que vous jugerez à propos d'y séjourner, comme je vous l'ai promis tantôt.

— Mon père, je vous remercie du fond de mon âme. Puis il reprit : Mon coursier me devenant inutile, je vous prie de l'accepter et d'en disposer selon votre bon plaisir et votre gré; de plus, veuillez accepter ces quelques cents ducats pour ma pension temporaire ; et si Dieu exauce mes vœux et mes prières, je veux consacrer les jours qui me restent à vivre dans cette sainte maison; mon père, je me recommande à vos prières, elles ont une grande efficacité.

— Mon fils, j'accepte vos dons, car notre maison ne possède qu'un revenu strictement nécessaire; mais, par compensation, croyez que mes prières seront ferventes à votre égard.

Quinze jours après cet entretien les consolations du père abbé avaient obtenu un plein succès; le chevalier avait revêtu l'habit des novices de l'ordre, il était parvenu à capter la bienveillance de l'abbé qui l'avait pris en considération, au point d'user de beaucoup d'indulgence à son égard, jusqu'à rendre les frères jaloux de cette préférence sur eux.

— Puisque vous êtes des nôtres, dit l'abbé, je dois vous faire connaître la règle et l'ordre de notre maison et ses revenus; suivez-moi au jardin. Pour commencer, vous savez que, d'après nos statuts, il ne doit y avoir ici que quinze frères et le révérend abbé en sus, ce qui fait seize; il faut être Valaisan et d'extraction noble; la dot est de deux mille livres mauriçoises (3000 francs). Voyez, reprit-il, ici chacun doit cultiver son jardin, libre à lui d'y semer ou planter des arbres ou des fleurs, ceci est une distraction et une émulation, car chacun des frères cherche à surpasser son voisin. D'ici vous voyez le Rhône qui borne nos terres; la ferme que vous voyez est la nôtre; quant à la fondation de notre couvent, elle remonte à saint Théodule, évêque de Sion. Revenons sur nos pas, nous allons monter aux combles du bâtiment, là vous verrez notre vignoble et un beau panorama des environs.

Quand ils furent au sommet :

— Voyez, dit l'abbé, nous dominons le bourg de Sierre, qui se trouve presque étouffé par les arbres à fruits, le sol est très-favorisé par sa position, il y fait très-chaud; les vignes étant au midi, le vin est d'une qualité supérieure au reste du canton; nous avons le Malvoisie, le Muscat et d'autres plants. De ce côté, voyez, c'est le village de Sarguenin, perdu dans les noyers et les châtaigniers; l'épine-vinette est en fleurs, on en respire le parfum. A gauche, c'est Saint-Léonard, pays fertile en maïs et en fruits; voyez cette verdure des prés et des arbres. Ce que vous voyez plus haut, sur un roc, c'est l'ancienne résidence de monseigneur de Sion, son palais fut incendié on ne sait comment. Ces ruines qui sont à côté, c'est le château de *Valère*, d'un ancien préfet romain de ce nom; tournez-vous, mon fils, voyez à gauche, c'est le village de Bramois, bon pays et bons cultivateurs, ce qui les rend riches et heureux. En face de nous est le village de Chipis, où parfois le Rhône exerce des ravages terribles et ruineux pour les habitants. Quant à nos vignes, elles sont travaillées à moitié fruits. Nous n'avons point de dîmes, seulement beaucoup de messes, de fondations, ce qui supplée amplement à notre bien-être.

Une année après l'entrée du chevalier au monastère, l'église se parait de fleurs et de riches tentures, l'encens brûlait sur les autels, monseigneur devait arriver le lendemain pour y consacrer un moine, le chevalier devait prononcer ses vœux.

A l'entrée de la nuit, trois cavaliers, avec un cheval tenu en laisse, se présentaient à la porte du couvent en demandant à parler au novice, frère Paul.

— Vous arrivez un peu tard, seigneurs cavaliers, répondit le frère portier ; le frère est en prière, il se dispose, par le jeûne et les veilles, pour l'auguste cérémonie de demain.

— Quelle cérémonie? reprit le plus âgé des trois et qui paraissait être le chef.

— Je vous répète, messires, que le novice prononce ses vœux demain.

Le chef ne laissa pas achever le portier.

— Tenez, lui dit-il, portez-lui cet anneau ; à sa vue il viendra, je vous l'assure, malgré ses vœux.

Un quart d'heure après, le frère Paul, en habit de novice, se présentait aux cavaliers, malgré le long débat qu'il avait eu avec l'abbé, qui ne voulait point permettre sa sortie. Aussitôt arrivé à la porte du couvent des signes furent échangés. La reconnaissance étant faite, le chef indiqua au novice le cheval qui devait lui servir de monture.

— Mais cet habit, dit le novice, pourrait vous faire arrêter comme ravisseurs de ma personne, ou moi comme fuyard.

— A cheval, et en route ! Nous parlerons de cela en chemin.

Le moine sauta en selle et tous quatre disparurent comme un éclair.

Pendant deux années aucune nouvelle de l'évasion ne parvint à l'abbé.

Un jour, cependant, une grosse lettre lui était adressée, venant de Grenoble. Après avoir vu la signature, il dit à deux moines qui se trouvaient à côté de lui :

— Mes frères, cette missive nous vient de frère Paul, celui qui a eu la lâcheté de fuir notre maison la veille de prononcer ses vœux.

Ce ne fut qu'après la mort du révérend abbé que l'on eut connaissance du contenu de cette lettre. Nous la donnons textuellement telle qu'elle a été écrite :

Grenoble, 16 mars 1644.

« Révérendissime abbé,

« Que ne suis-je resté dans votre sainte maison pour y faire mon salut, qui s'opérait de jour en jour, sous votre sainte direction ! La justice de Dieu, par ma faute, m'a fait retomber dans le crime pour tomber dans les mains de la justice inexorable des hommes. Puisse la Providence être moins rigoureuse pour mon âme !

« Mon cher père, je dois vous instruire des motifs qui m'ont fait fuir le séjour de paix ; ma main tremble en vous écrivant ce que je fus et quel était mon supérieur.

« Le capitaine Mandrin venait d'être arrêté ; un soupçon traversa sa tête : que ce pourrait être moi, son lieutenant, qui l'avais trahi pour lui succéder dans son grade.

« Quoique ayant l'état d'un réprouvé de Dieu et des hommes, j'étais incapable d'une pareille bassesse de sentiments.

« Mandrin avait donné l'ordre de me poignarder ; mais comme j'étais aimé et considéré, je fus prévenu à temps. D'un autre côté, pour que je ne puisse échapper à sa vengeance, il avait donné mon signalement à la police pour me faire arrêter. En conséquence, ma tête fut mise à prix. Je ne vis dans cette occurrence qu'un seul moyen de la sauver : je pris les habits d'un gentilhomme, et, monté sur un coursier, je gagnai la Suisse avec toute sécurité ; personne n'eût soupçonné le gentilhomme d'être le lieutenant de Mandrin.

« Je donnai la préférence au pays du Valais parce qu'il m'était familier, y ayant reçu le jour près Dardon, puis je pensai qu'en me retirant dans votre sainte maison je serais à l'abri de toute recherche ; personne n'eût pensé à m'aller trouver dans un couvent de moines à Géronde.

« Votre vie calme et douce me suggéra l'idée de m'y retirer pour pleurer sur mes fautes passées et obtenir le pardon par la prière et la pénitence.

« J'étais dans ces bonnes dispositions, la grâce de Dieu s'était insufflée en moi, le calme avait succédé à l'orage; grâce à vos exhortations, je touchais le port du salut, lorsque la veille de prononcer des vœux solennels, trois cavaliers vinrent me faire appeler.

« Mon très-cher père abbé, ne me maudissez pas. Ces hommes, l'un était Mandrin, capitaine, et l'autre, Perrin, son lieutenant; le troisième, un homme de sa bande.

« J'étais lié par un serment avec eux, je ne pouvais l'enfreindre que le jour où j'aurais pu en faire un autre. Par exemple, celui que je devais prêter le lendemain à monseigneur l'évêque, à Dieu et à l'Église.

« La fatalité ou la Providence en ont disposé autrement, qu'il en soit fait selon sa volonté.

« Je ne sus jamais comment Mandrin avait découvert ma retraite, je sus seulement que lorsqu'il se fut échappé de sa prison, il reconnut mon innocence, non-seulement je lui étais utile, mais encore il m'aimait.

« C'est alors que, passant à Martigny, pour aller surprendre les gabelliers de la Savoie, il apprit ma retraite et vint me prendre à Géronde.

« Pendant les deux années que j'ai passées, hors du giron de l'Église, nous avons été assaillis de tous les côtés; le ciel et les hommes avaient conjuré notre perte.

« Le capitaine Mandrin a été arrêté, jugé et condamné à subir le supplice de la roue! il a subi ce supplice mérité sans sourciller, m'a-t-on dit.

« J'ai pu pendant quelque temps échapper au glaive de la loi, j'avais des hommes à nourrir, à sauver de l'infamie, si je le pouvais; mais nous fûmes pris, la mesure était au comble. Je dois expier mes forfaits par le même genre de mort que Mandrin. Demain est le jour fatal, jour de mon exécution!

« Veuillez, mon père, me pardonner et prier pour moi.

« Adieu aux lacs ! adieu aux rossignols qui réjouissaient mon âme ! adieu aux coteaux dorés ! adieu aux fleurs variées du jardin ! adieu à notre belle église ! et puisse l'Éternel écouter mes prières et mon repentir !

« A vous mon dernier adieu !

« PAUL. »

FIN

Depuis longtemps des Libraires d'ouvrages illustrés à 10 centimes la livraison n'offrent à la curiosité de leurs lecteurs que des romans vingt fois retapés, et qui sont, la plupart, un spectacle de crimes et de fanges : livres stupides ou cyniques!!! Voilà ce qu'on offre à la jeunesse pour charmer ses loisirs.

Par respect pour l'intelligence des lecteurs auxquels nous nous adressons, nous n'imprimerons que des œuvres de choix, des romans que tous pourront lire sans ennui et sans dégoût; la vie réelle offre assez de drames terribles, de comédies joyeuses, sans aller plonger dans les fanges d'un romantisme effréné.

Nos publications seront saines et attachantes; nous voulons *instruire, éclairer* et *amuser*. Tel est notre but. Nous espérons que le public saura nous comprendre et nous soutenir.

Nous allons débuter en offrant à nos lecteurs les œuvres inédites d'un auteur fécond, dont la plume intelligente a su fouiller les replis les plus secrets du cœur humain. Tour à tour moraliste aimable ou frondeur implacable des abus et des vices, il sait rester toujours un conteur joyeux; il a la verve inépuisable de Dumas, la rondeur gauloise de Paul de Kock et l'observation de Balzac, moins les longueurs et les obscurités.

En un mot, notre romancier sait rire et pleurer en restant dans les limites du juste, du beau et du vrai. Nos lecteurs en jugeront.

LE JAGUAR

GRAND ROMAN HISTORIQUE COMPRENANT LA PÉRIODE DU SECOND EMPIRE ET LES LUTTES HÉROÏQUES QUI SUIVIRENT SA CHUTE.

Par Hippolyte RUY

Le peuple se reconnaîtra dans *le Rajah* : il aimera à trouver dans ce personnage, l'amour de la vérité et de la justice, le dévouement à la cause de l'humanité, et le patriotisme qui le caractérisent lui-même et l'élèvent au-dessus des autres peuples.

OUVRAGE COMPLET EN **100** LIVRAISONS A **10** CENT.; UNE SÉRIE DE **50** CENT. TOUS LES VINGT JOURS.

Pour paraître ensuite : L'ÉTOILE DE LA SAVANE
de Mœurs, par le même auteur.

N. MAROT, Éditeur, rue du Sentier, 13